书山有路勤为径，优质资源伴你行
注册世纪波学院会员，享精品图书增值服务

教练型教师

从教书育人到启智润心

郑磊 忻春 著

郑振佑 审校

電子工業出版社
Publishing House of Electronics Industry
北京·BEIJING

未经许可，不得以任何方式复制或抄袭本书之部分或全部内容。
版权所有，侵权必究。

图书在版编目（CIP）数据

教练型教师：从教书育人到启智润心 / 郑磊，忻春著. —北京：电子工业出版社，2022.3
ISBN 978-7-121-42688-9

Ⅰ. ①教⋯ Ⅱ. ①郑⋯ ②忻⋯ Ⅲ. ①教育方法－研究 Ⅳ. ①G4

中国版本图书馆CIP数据核字（2022）第014869号

责任编辑：吴亚芬
印　　刷：三河市双峰印刷装订有限公司
装　　订：三河市双峰印刷装订有限公司
出版发行：电子工业出版社
　　　　　北京市海淀区万寿路173信箱　邮编：100036
开　　本：720×1000　1/16　印张：12.75　字数：153千字　彩插：3
版　　次：2022年3月第1版
印　　次：2022年3月第1次印刷
定　　价：98.00元

凡所购买电子工业出版社图书有缺损问题，请向购买书店调换。若书店售缺，请与本社发行部联系，联系及邮购电话：（010）88254888，88258888。
质量投诉请发邮件至zlts@phei.com.cn，盗版侵权举报请发邮件至dbqq@phei.com.cn。
本书咨询联系方式：（010）88254199，sjb@phei.com.cn。
投稿邮箱：wuyf@phei.com.cn。

本书专家委员会
（按区域及姓氏拼音顺序）

陈淑兰　北京市海淀区红英小学校长

邓振英　中国农业大学附属小学副校长

高菲菲　北京市海淀区西二旗小学教学主任

韩　杰　北京市海淀区红英小学副校长

胡　芳　北京市海淀区红英小学副校长

姜炜铭　北京一零一中矿大分校工会主席、思政教师

李春梅　北京市海淀区西二旗小学校长

陆云泉　北京一零一中教育集团总校长

刘　军　北京市海淀区红英小学副校长

马德玲　北京市海淀区凯文学校学术校长

马　佳　北京市海淀区中小学干部研修中心教师

欧阳雯　北京市育英中学副校长

潘　军　北京理工大学附属中学党委副书记、思政教师

沙晓彤	中国人民大学附属中学分校副书记副校长
谭中玲	北京市海淀区五一小学常务副校长
王　钢	北京市海淀区中小学干部研修中心副主任
王光伟	北京市海淀区定慧里小学副校长
王凌燕	北京市海淀区翠微小学校区行政主管
王斯镁	北京市海淀区翠微小学宣传干事
王　韦	中国人民大学附属中学分校校长助理
王艳丽	北京市海淀区翠微小学行政组长
吴晗清	北京师范大学教育学博士、首都师范大学教授
吴久勤	北京市海淀区翠微小学德育副校长
徐　利	中国人民大学附属中学分校校长
杨　楠	北京市鲁迅中学德育主管校长
曾文艺	北京师范大学人工智能学院教授、博士生导师
张华云	中国人民大学附属中学分校副校长
张文峰	北京市海淀区中关村三小北校区执行校长
马惠玲	北京市第五中学通州校区副校长
魏庆佳	北京市新英才学校副校长、艺术总监
张　晔	北京市陈经纶中学高中德育副校长
曹　洁	北京丰台区丰台第五小学万柳分校校长
高　霞	北京教育学院附属丰台实验学校副校长
郭立娜	北京市丰台区职业教育中心学校副校长

本书专家委员会

李智勇　首都经济贸易大学附属中学校长

刘春霞　北京市丰台区职工大学副校长

陶玉侠　北京市丰台区职工大学科研督导室主任

汪东京　北京市丰台区丰台教科院副院长

王艳峰　北京市丰台区西罗园幼儿园园长

王志清　北京市第十八中学附属实验小学书记校长

王自勇　北京十二中 原党委书记副校长

薛凤彩　北京市丰台区职业教育中心学校副校长

张晓红　首都经济贸易大学附属小学校长

赵爱芹　北京市丰台区职业与成人教育集团党委书记校长

赵秀敏　北京市丰台区丰台第二幼儿园葆台园园长

赵彦军　北京市丰台区职业教育中心学校 教学处主任

韩晓晶　中国人民大学附属中学石景山学校校长助理

何丽英　北京爱赋能教育咨询有限公司董事长

李晓军　北京市石景山区实验小学校长

王金海　北京市石景山区北京大学附属中学石景山学校副校长

徐文博　北京市石景山区北京大学附属中学石景山学校副校长

耿玉兰　北京市房山区房山城关第二小学教师

汪瑞龙　北京市房山区房山第二中学课堂研究中心主任

王宏硕　慢客村云私塾村长

柯　令　资深媒体人

教练型教师：从教书育人到启智润心

紫　娟　资深媒体人

丁　捷　云学堂联合创始人、上海杉树公益基金会理事长

李　芒　博士生导师、北京师范大学教学行为研究所所长

汤　林　上海市闵行区浦江第一中学校长

Ian Mark Hunt 佛山市山语湖双语学校国际校长

亨特张蓓　佛山市山语湖双语学校顾问

李佩球　佛山市南海区大沥实验小学校长

廖丽珍　中黄国际教育集团中黄学苑执行校长、组织效能总监

李　琪　中黄国际教育集团中黄学苑组织与人员发展经理

李晓玉　昆明市官渡区关锁中心学校党支部书记兼校长

李思澄　中国国际民间组织合作促进会教育扶贫志愿项目导师

杜博洋　武汉澳洲国际学校运营副总监

张　群　武汉澳洲国际学校执行董事

冯海燕　宝鸡市高新区马营镇燃灯寺小学校长

盖金龙　淄博实验中学国际部CAS协调员、DP中文教师

James Lau 淄博实验中学国际部DP课程副协调员、认识论拓展论文协调员

夏晓光　承德市围场满族蒙古族自治县朝阳湾学区中心校校长

张　军　承德市围场满族蒙古族自治县职业技术教育中心校长

钟利民　承德市围场满族蒙古族自治县棋盘山中学校长

推荐序1

愿教练型教师帮助更多学生如花朵般绽放

作为一位在世界传播教练技术的先行者,2021年是我带着这门"树人"的技术进入中国的第12年。按照中国的传统,12年是一个循环,非常有意义,我想借此和大家分享一下我接触教练之前的一些很有意思的探索。

在接触教练技术之前,我对自己感兴趣的东西和人生的方向进行了相当多的探索,但都没有真正回归真我。30年前从美国大学毕业后我开始经商,在纽约曼哈顿经营一家服务亚洲市场的营销公司,业务非常好,但是由于不关注人,只能一边大量招人,另一边飞速裁人,这使我后来不得不放弃经商。

之后,我决定到非洲从事社会工作,其中有一个事情是教当地人洗手,当地人不听我的(还是因为我不关注人的感受与意图),他们就是养不成良好的洗手习惯。我为此对他们,也对我自己很愤怒,觉得自己不知道该如何帮助别人,于是我又放弃做社会工作,改学心理学,想知道自己的心理到底出了什么问题。但因为没有耐心陪伴"有心理障碍的人"而发牢骚和抱怨,所以再次放弃,之后被知名的教授好心劝说转学领导力,最后发现自己心系于帮助更多人变得成功,且同时发展他们的领导力。

虽然我成为领导力教授,很精通领导力的理论知识,但在一次应聘高层职位中失利。记得有一次被提携面谈Food for Hunger(一家全球知名的公益组织)的CEO职位,面试官是一位心理学家,他询问我的愿景并问我如何看到自己的愿景?我回答"自己睁开眼睛就可以看到愿景,从树上鸟儿的声音也可以听到愿景"(这是我脑海中的真实画面),结果被面试官评价为不可靠、疯狂,最后自然没有得到这份工作。

就这样,我一直在不理解别人、不被他人理解中痛苦,直到遇见一位教练:我对他分享了自己所有想法,他没有评判地聆听我的讲述,我第一次感受到人生中真正有人倾听我的梦想,且相信我的愿景并鼓励我实现,非常美妙的感觉。因此我也想成为一名教练,让别人也能体会那份全然的爱、接纳与尊重。

然而"想到和做到"之间横亘一道鸿沟:一开始我做不到很好地聆听。有一次,老师让我练习复述和总结他说的话,训练我的倾听能力。我被告知,我并没有如实、干净地复制他的话,反倒掺杂了不少个人的解读与情感。我从中意识到自己的自以为是。之后,也才对老师告诉我的"如果想当教练,学习聆听是关键"有了切实的体会。从此,我走上了教练之路,并深深地爱上了它。

现在的我在人们眼里看起来是教练大师,非常善于聆听和提出强有力的问题,但回看自己的经历,可以说在遇到教练之前,我不会聆听、不知道如何与人相处,甚至不相信自己。通过我上面的探索分享,很容易看出普通人和教练视角的不同:在我遇到教练以前,自己一直在强迫自己、否定自己和否定他人、拿自己和他人比较，而教练通过提问、倾听、反馈等方式，让我作为一个被教练者打开心灵，感到被相信、被激励、被赋能，从而自我驱动、坚持不懈地实现梦想。这就是教练的魅力，也是我和其他人走上教练之路的原因。

在过去的12年中，我和（包括郑磊、忻春教练在内的）我的中国学生们将教练技术应用到很多企业领域，收到很好的效果。在我的愿望清单里，一直想把"教练技术"深入地、系统地引入教育领域，支持中国培养出更多英才。"十二年一觉教练梦，赢得学子笑开颜"，今天我非常开心地看到郑磊教练和忻春教练三年磨一剑的这本书将这个愿望得以推进：他们通过总结教练技术在中国近百所校园五年多的实践，摸索出一套行之有效的模型和方法论，帮助中国的教育者更好地了解自我和他人，从各方面提升自己，从而进一步支持他们的学生展现自驱力、激情澎湃地挂上追求梦想的自动挡，找到使自己的人生充实丰盛的"灯塔"，活出自己想要的模样。

"未来10年走进一万所学校，通过教练技术赋能一万名校长、培训一千万名教师、影响一亿位家长（接受20小时教练培训）；让教师成为更好的教师，学生成为更好的自己，让父母成为更好的父母。"我被郑磊教练和忻春教练的这个10年美好愿望所深深感动，我非常愿意在未来尽我所能继续支持他们实现如此宝贵的愿景。

祝福中国的教育事业蒸蒸日上！

郑振佑（Paul Jeong博士）

双大师级教练（ICF MCC & IAC MMC）

北京亚细亚高智企业管理咨询有限公司 CEO

推荐序2

第一次听到"教练型教师"这个名词,感觉非常"违和",似乎是把两个不同的职业放到了一起,因此产生了深深的好奇。

在我的思维认知中"教师"是一个非常崇高的职业。"师者,传道授业解惑也",这是中国古代对教师的定义。在东方文明中,教师是需要被仰望的,更有"一日为师,终身为父"之说,所以社会对教师的要求标准会非常高,而且学生对教师都是非常敬仰的。

而"教练"源自西方管理学,在教练过程中非常地强调平等。国际教练联合会(ICF)教练的三大原则就定义了教练的陪伴作用,以及强调在某些方面教练可以没有被教练者有经验,但是教练能够通过系统化的提问,让被教练者发现自己内心真正的需求。这样两个完全不同的教育方法放到一起会产生什么样的结果呢?我本人做过三年的数学老师,也学习了很多的教练技术,因此非常希望这样跨界的结合可以出现"奇迹"。

"教练型教师"的出现顺应了目前快速变化的时代。随着互联网一代的出现,他们对知识的获取不仅通过课堂,还有其他更多的方式,如已经不止一次出现"课堂上学生在百度上找到解题方法而挑战老师的情况了"。在过去信息不对称的时代,教师们可以通过知识的积累和经验的沉淀对学生形成重要的指导，但是随着互联网尤其是移动互联网的发展，信息的不对称已经被打破，学生们可以通过不同的获取知识的渠道来向教师挑战，而对于互联网工具的使用，很多教师都已经远远地不如学生了，因此在教师们不能仅依赖自己的经验去帮助学生的情况下，"如何帮助学生成长？"就成为很多教师面临的问题。应用教练技术可以帮助教师们更好地把知识传递给学生，更重要的是能够引发学生找到自己内在的需要。

在中国，由于独生子女政策和互联网的到来，对于互联网原住民的95后00后们的教育会较以前出现非常大的不同，他们并不崇拜权威，他们更追求自己生命的意义，每个人都希望成为独特的自我，在这种情况下，教练型教师就会对学生有更大的帮助。感谢郑磊、忻春两位教练在这个方面的不断探索和实践，帮助我在杉树公益大学助成项目中，用教练的方式去跟大学生们沟通，让学生们觉得教师能够理解他们，同时通过一套结构化的问题引发他们思考，清晰个人未来的目标，且有发自内心的动力去实现目标，这就是教练型教师的魅力。

杉树公益主要是教育公益，关注支持年轻人成长，无论是高中助学、大学助成还是凉山支教项目，教练型教师的实践对我们帮助非常大，让每个孩子们能够发现自己的优势，从而帮他们建立自己的目标及发展方向，找到自己的未来。经过实践后，我们都认可了教练型教师，也迫切需要让教练型教师被更多的人了解，同时用一套可快速复制的方法帮助每位教师成长，这就是本书最大的价值。感谢郑磊和忻春两位教练用多年的实践，将教练方法结合到教师的日常工作中，非常直观地建立了教练型教师模型，并且从状态、行为层面给出具体的指导，提供了非常简单、实用的工具和技巧，让老师们可以快速掌握。通过书中的10个最佳应用案例，教师可以看到结果的呈现，对教师来说这本书是非常有价值的一本书。

教育是百年大计，而教师是教育实践最重要的力量，教师的责任不是塑造学生而是点燃学生——"授人以渔"，在未来不确定性的环境中，让青年无惧未来。

丁　捷

云学堂联合创始人、上海杉树公益基金会理事长

推荐序3

这个世界会因热爱而不同

Cynthia（忻春）是我2007年第一次从美国来中国工作时所在公司的大中华区人力资源负责人。由于有文化差异，一开始我在带团队等方面有些困惑，Cynthia非常专业，从HR角度给我提供了很多帮助。之后，自我离开这家公司去高盛、安永、普华永道，到后来的波士顿咨询（BCG），我们一直是好朋友。

最近几年，时常看到Cynthia在朋友圈分享自己学习和应用教练技术的心得体会，一开始我以为她不做HR改行做教练了。一日和她聊起，得知她自2014年开始学习教练，在自己服务的公司用教练技术支持管理层，推进教练文化。后来她不仅将教练技术风生水起地应用在企业内部，还将这门技术应用到教育领域，发现可以给到教师、学生和家长很多支持与帮助：教师、学生和家长都学习教练技术，形成意识和行为闭环，大家都在一个频道上，彼此更加理解尊重，校园文化、家庭氛围一齐发生改变，三方关系更加和谐。

我多年从事专业咨询管理工作，并在多家世界著名咨询公司担任过高管，教练技术在企业高管中很流行，像SAP公司就有专门的企业内部教练部门。近几年我也经常受邀在中国的高校举办讲座，在和高校领导及教师的沟通交流中，教师普遍反映现在大学生：一是，自我意识较强，喜欢新颖、个性的事物，爱探索，不喜欢传统式的教育，集体归属感不强，注重个人价值的实现。二是，大多在家被过度宠爱，比较任性，相对缺乏团队精神。同时，逆商较弱，往往受一点打击就会垂头丧气。三是，成长在网络高度发达的时代，网络成为他们生活中必不可少的一部分，而随着学习需要的加大，进入大学后依赖网络的程度更严重。四是，接收信息来源广泛，知识组成多元化，在计算机等方面动手能力较强，但在生活自理能力及待人处事等方面较差。因此，教学和管理工作越来越难做，老一套不管用，新方法又未摸索出。

最近，从Cynthia分享给我她的这本新书中，我看到Cynthia他们通过从幼儿园到高校的近百所学校的实践，结构清晰地总结出教练型教师的一套模型，辅以四种卓越状态、八项积极行为的具体指导，同时又有简单易学且行之有效的工具和技巧，配以音频课程、线下课程，多管齐下地帮助教师通过多种方式学习、掌握、实践方法。书中细心地附上10个最佳应用案例更是非常珍贵，让大家看到学习过的教师有的已经非常娴熟地运用教练技术并起到了非常棒的效果。这是一本只有经过无数次教练型教师实践才能做到的细致的心得总结，书中内容激发了我帮助Cynthia将教练技术分享到更多学校，去支持更多教师、家长成为教育型教育者的热情，那学生们该多幸福！

至今记得Cynthia绘声绘色地给我讲的一个故事，她说："当我们纯粹地做一件事情时，连婴儿都会感受到。我们最小的教练'学员'是几个月大的婴儿，她的妈妈来听一天一晚的课，婴儿车里的宝宝白天不哭不闹，安静地'听'一天，即使到了晚上也很平静，妈妈抱着她，她一晚上都在冲我们笑，那种感觉太神奇美妙了！诗人惠特曼曾写道：'一个孩子每天向前走去，他最初看见什么，就变成什么……如果是早上盛开的喇叭花，那么它就会变成这个孩子的一部分。'"我从Cynthia的故事中听到了花开的声音。

Cynthia说她和她的合著者郑磊教练有个美丽的愿景：未来10年走进一万所学校，通过教练技术赋能一万名校长、培训一千万名教师、影响一亿位家长（接受20小时教练培训）；让教师成为更好的教师，学生成为更好的自己，让父母成为更好的父母。

我想如果全世界可以多一些教练型教师和家长，那将会多很多幸福的学生和孩子，世界也将因此而更美好。心不唤物不至，祝福他们的梦想早日成真！

杨益骅（Eric Young）
致盛企业管理咨询（上海）有限公司全球董事
波士顿咨询前董事总经理、全球合伙人

推荐序4

学习是人的天性　教学是教师的生命

世界上所有的动物，只有人类是需要通过学习提高能力，才能得以生存和发展的。学习是人的一种自我更新的生存活动。学习是苦的，"灭苦之方"则是简约做人、自觉学习、拥有良好习惯、走向绽放。唯有胸怀大志，坐住板凳，多读书，多思考，多实践，方可成为有好奇心、审辩式思维、勇气、协作性、创造性、想象力、包容性等基本功兼备的未来英才。

教学是教师的生命，一切皆为了教学；研究是教师的灵魂，绝智弃辩方为大道；修为是教师的本分，不言而教始可为师。现代大学教师应具备四个方面的教学能力，即互动能力、教学设计和开发能力、媒体应用能力、教学研究能力。现代教学应实现三个目标：一是，既要追求知识量，更要注重培养学生的关键能力；二是，既要关注学生目前习得了什么，更要关注学生今后能做什么；三是，既要培养学生能用已有的公式解决已有的问题，更要培养学生能够解决没有答案的问题。

从事教育工作30多年，我主张教学的本质是人与人之间的关系，在教学活动的各要素中，不存在中心，只存在关系。倡导教育技术的本质是人自觉的、有意识的行为方式，教育技术研究的核心问题是"如何教"。我重点研究教学的方法和行为，为此，在2014年8月赴美国俄勒冈大学合作研究"现代大学有效教学方式的发展与创新"项目。

美国教育哲学家杜威实用主义教育学说"以学习者为中心"的教学理念已经深入人心，他赞同和倡导"学生中心论"，认为学生是太阳。尽管如此，杜威在提出应该关注学生的同时，并没有否定教师的作用，他指出，教育过程是一个教师与学生共同参与以及真正合作的过程，师生共同创造教育经验。"中心论"不能反映教学的基本规律，当论者出言"以……为中心"的句式时，就已经陷入了泥潭。可以说，以"学习者为中心"与"以教师为中心"具有相同的反规律性。

多年实践发现大学教学必须处理好教与学的关系，教师与学生达到行为责任的相互作用才是实现最佳教学效果的要旨。处理好教学各要素的关系是决定教学效果的关键，任何的教学效果皆是在关系之中产生发展的。教学离不开教师讲授的；讲不讲是伪命题，怎么讲才是关键！那种"教师拼命讲，学生拼命睡"的原因，并非缘于讲授式教学方法本身，而在于使用这种方法的人没有把握住讲什么和怎么讲的精髓。大学教师讲不讲是个假问题，怎么讲和讲什么才是真问题。讲授的教学方法在大学课堂上与对话、质疑和辩论具有同等的重要性。任何方法用过了火儿，用错了地儿，都注定会适得其反。

由于受到以学习者为中心意识的影响，讲解式教学方式受到前所未有的诋毁与歪曲。而有论者有意或无知地过分夸大自主学习、合作学习、探究学习、翻转学习等方式的作用，造成了目前大学教师教育力的严重缺失，学生得不到有效及时的引领和指导，教师作用受到严重限制。

荀子说，学不可以已。在教学之余，我也非常关注教学研究实践的经验和得失，经常与北京师范大学的学生们讨论新技术与教育的关系。我认为，在新的时代，应该有新的教育模式来适应人们对知识的渴求。从我国整体的教育模式看，目前学生所接受的大都是在以教师为主导的垂直化单维度教育，学生主动学习能力差。造成这种现象有两个原因：一方面在于传统教育体制在持续教育方面的不完善，未能解决"后学校教育"，即学生离开学校之后的学习问题；另一方面也是因为学校知识更新速度跟不上社会发展。

这本书中既肯定了传统型教师的作用，同时将现代教练技术引入教学中，让教师有更多清晰的自我认知和了解学生，不断自我觉察和提升，并百分百相信、激发学生的自驱力，支持他们更好地成为自己。这本书的可贵之处不仅在于此，而更在于它是基于深耕中国百家学校实践后的总结，不简单粗暴地照搬硬套国外的教练技术，不是为了克服一种片面性而又陷入另一种片面性，从这本书第6章提供的10个经典案例中可以发现，书中内容结合了中国教育现状，对一线的教师和管理者有很大的参考价值。

成为教练型教师是一个激发自己和学生活出真实自己、发挥自己的潜能并且享受丰盛人生的旅程！你只需跟随书中的方法论、模型、工具和技巧去练习和践行，自己就可以成为自己的教练、学生的教练，成为学生最喜欢的讲者，做"有阅历之人、有观点之人、有情感之人、有技巧之人、有特点之人、有魅力之人"。

李芒　博士生导师
北京师范大学教学行为研究所所长

前言

希望也许是世界上最美好的事物,而美好之物,永不消逝。要看到这些美好之物,需要人们的眼睛。人们脸上的眼睛是出生时父母给的,而心里的眼睛则是自己后天滋养出来的。作为教师,如何拥有发现学生们希望的那双心灵慧眼呢?本书将和你一起探索答案。

在2014年6月23日至24日召开的全国职业教育工作会议中,李克强总理要求,要用改革的办法把职业教育办好做大。统筹发挥好政府和市场作用,既要加大政府支持,又要通过政府购买服务等方式,更多促进社会力量参与,形成多元化的职业教育发展格局。要走校企结合、产教融合、突出实战和应用的办学路子,依托企业、贴近需求,建设和加强教学实训基地,打造具有鲜明职教特点、教练型的师资队伍。各级党委和政府要采取各种措施,关心和帮助职业教育工作者,推动社会各方形成合力,让现代职业教育助推经济社会取得更大更好发展。

什么是教练型教师?先来看看什么是教练。如果你对教练还不是很了解,简单介绍一下何为教练。

国际教练联合会(International Coach Federation,ICF)对教练的定义:教练是一种与客户的伙伴关系,在这种关系中,教练通过激发思考、创造性的过程,激励客户最大化地挖掘个人及职业上的潜能。

简单来说,教练既是一种职业,也是一种技术。作为一种职业,教练就是运用教练技术帮助客户提高、发展、学习新技能,成为能够实现个人成功、管理生活变化、达成目标的人。作为一种技术,教练就是一门对话艺术,包括强有力的提问、观察、倾听等。

教练技术源于欧美,在中国有越来越多的人和企业将其引入企业管理、教育教学等领域。

2001年,"21世纪企业教练发展论坛"在上海举行,这标志着企业教练在中国已得到了一定程度的重视和发展。如今,经过不断的实践与完善,教练技术已经被越来越多的中国企业家所了解和推崇。

在教育领域,早在2001年,中山大学管理学院将教练技术引进EMBA教学与培训中。此外,中山大学、香港科技大学、清华大学、复旦大学都举办过与教练相关的培训和专题演讲。

为了让教练这项新的管理技术在中国发挥有效作用,一些人尝试将中国的传统文化融入其中,以使教练技术更适用于中国大众及企业管理者。伴随实践的不断加深,教练技术的应用成果日益凸显。正因为如此,人们尝试将教练技术应用到更多领域,而我们则是将教练技术应用到更多领域的长期践行者之一。

自2012年以来,我们一直在学习,并在很多行业实践教练技术。运用教练技术的目的是帮助人们聚焦目标、拥有自信、产生觉察力和责任感,运用教练技术的前提是相信人是全面和完整,且拥有想要的一切资源、具备无限创造力的。随着客户群体的不断扩展,我们开始有针对性地为一些包括幼儿园、小学、中学、大学在内的学校提供教练技术培训服务，并获得了这些学校的广泛认可。正是他们的认可和引荐，我们从2017年开始就越来越多地将教练技术应用于教师培训，并因此积累了很多关于教练型教师培养的经验。

在学龄初期，教师对学生来说，是打开"事物和现象"这个世界的人；在少年时期，教师就是打开"思想"这个世界的人。因此，教师如果仅停留在教授学生文化知识层面，则已经远远不能满足现代教育的需求了。现代教育更像教师和学生共同参与闯关的一场游戏，学生在成长过程中遇到的每个问题就像一个个关卡，而闯关是对教师的考验。因此，教师需要进一步更迭自己的角色，从普通的传统的教师角色进一步升级，成为教练型教师，给学生的成长提供更有效、更有力的支持。教师应以一种开放性的姿态倾听学生的声音，即使是无比幼稚或无厘头的话语。如果学生的想法能自由表达并得到关注，他们必然会以积极热情的姿态拥抱这个世界。一个无任何特色的教师教出来的学生不会有任何特色。教练型教师可以像专业教练一样，在助己达人的同时，完成更伟大的、更有意义的事情——启智润心。

自2017年以来，我们通过教练型教师项目为上百所学校的校长和骨干教师提供了相关培训或项目，并且持续跟踪教师的反馈。那些真实的反馈充分显示出教练型教师的培训和项目在挖掘教师潜力、减除干扰、缓解情绪压力、创新教学方式、提升学生求知兴趣、有效进行自我情绪管理等方面都有很大成效。此外，教师通过转变自身思维及运用教练工具，在教学工作中取得了非常喜人的成果，我们在本书中也分享了一些来自一线教师或领导的反馈。

通过这些实践和反馈，我们发现对教练型教师来说，当学生面对问题时，教导学生和解决问题只占教师工作的一部分，而更多的工作是底层的、系统的，如帮助学生发现自己是谁，以及建立解决问题的动力和意愿、减除干扰、清晰目标。也就是说，教师不仅是让学生学习好，更主要的是帮助学生建立冰山下底层的软系统。埃隆·马斯克说"世界上最可怕的事情是孩子们没有内驱力"。在实践和反馈中，我们欣喜地看到，作为教练型教师，当你能够透过问题，看到学生内心真正的需求时，所有冲突都会迎刃而解；当你学会信任和悦纳，支持学生为自己的选择负责时，他们的成长就会变得轻松而快乐；当你呵护学生的天性，点燃学生的天赋时，他们的梦想人生将变得清晰无比；当你带着百分之百无条件的爱，进入学生的世界时，你和学生的关系会更亲密、自然。

在推进教练型教师项目的过程中，陆续有校方领导和教师对我们说："你们的培训很好，如果再有一本书能供我们持续学习就最好了，这样也可以让更多的人即使没有培训的机会也能学习到这么棒的东西，可以让更多教师受益。"

教育部公布的2019年度"中国教育概况"中的数据显示，中国约有1 732万名教师，基于这个数据我们知道，很难让每位教师都有机会参加教练型教师培训或项目，更何况仅靠几天培训很难让教师实现从传统型教师到教练型教师的真正转型，因此我们萌发了把教练技术结合教师工作特性的核心理念及工具以图书的方式传递给教师的想法，这样不仅可以帮助他们持续学习，还可以令更多因条件受限而无法参加培训的教师（进而使得更多学生）受益，此举何乐而不为？

本书将"教练技术"与教师教育职业相结合，为成为教练型教师提供了一套方法和工具。在本书中，你看不到太多枯燥的理论，相信那些内容你可以从很多渠道获得。书中我们基于"爱心教练模型"，提供了如何成为教练型教师的简单工具、方法和技巧，以及一些关于教练型教师的案例。这些案例都是真实的，有些是作者自己的案例，有些是教师给学生或自己的孩子做教练的案例，也有些是作者培训课程上的学员案例，还有些是参加过教练型教师课程的教师的案例，以此为不同阶段的教师成长提供看得见、摸得着、学得会的方法。

德国教育家第斯多惠认为，教师不仅要教育别人，而且要教育自己。一般来说，自我教育的意义更加重大。如果一个人都教育不好自己，就不可能教育好别人。学生所受的教育和教养程度，取决于教师所受的教育和教养程度。

学校是学生受教育的场所，也是教师接受教育的地方；教师要在各种环境中通过一些活动来教育自己。自我教育是教师的终身任务，本书致力于支持教师挖掘自身的和学生的潜力、减除干扰、缓解情绪压力、创新教学方式、提升学生求知兴趣、有效进行自我情绪管理、获得更好教学成果等。

为了让本书的内容更加适合教师且更加全面，我们特别邀请了在教练型教师项目中合作过的校长、领导和专家组成了本书专家委员会，对本书的最终内容进行把关。专家们反馈本书的工具及方法对于一线教师在德育工作、班级管理及家校沟通方面都有很大帮助，尤其是在"双减"政策出台后和家庭教育立法后，中国的教育以立德树人为核心，以素质教育为基础的趋势下，教练型教师是教师发展的新方向。

同时为了帮助教师对教练技术有更深入的体会，本书配有很多真实案例。这些案例大概分为两类：

一类是通过本书专家委员会的评审，从众多教师们的案例中选出的经典案例；另一类是专业认证的教练通过一对一教练方式帮助教师们解决工作和生活中的具体困惑的案例。书中的这些案例均来自真人真事，出于保密和隐私原因，隐去真实姓名、身份等信息，相信教师们可以在案例中找到自己的影子，或者会在未来碰到案例中的类似情形。

此外，我们在将教练技术应用于"家、校、社"三方有效共育上进行了一系列探索和实践，如在广东佛山大沥实验小学开展的近两年的项目实践（目前仍在进行中），成功地将教练技术全面应用于学校行政管理团队、一线教师、家长、学生的"四位一体"领导力提升中，为教练技术在教育系统的落地应用开了先河。广东佛山大沥实验小学是全国较早地将教练技术全面应用于三方共育的典范。

教育的本质不应该是说教，而是一种对学生的深切关注，是一种洞察并理解学生内心世界的能力。正如陶行知所说："我们必须变成小学生，才配做小学生的先生。"做一个教育者必须永葆童心，想学生所想，走进学生的世界。真正的教育是带着爱走进学生的内心。教练型教师的工作精髓就是支持学生被理想所鼓舞，能认清自己，思考自己的生活的意义和目的，审视自己是一个什么样的人和应当成为一个什么样的人。如果说学生是广袤苍穹下的天使，那教练型教师无疑就是在学校托起天使自由飞翔的人！

在本书的出版过程中特别感谢专家委员会所有成员给予的支持、指导、反馈，也要感谢参与教练型教师项目并提供案例的教师们，是你们让本书更接地气、更有灵魂，也更有出版价值。

非常荣幸地邀请到我们的教练启蒙老师北京亚细亚高智创始人Dr. Paul Jeong（郑振佑博士）担任本书的审校者，Dr. Paul在教练领域有20

多年的丰富教学和实践经验，他也是目前为止较少的集ICF MCC和IAC MMC于一身的双料大师级教练，MCC和MMC是目前国际教练领域最高级别的教练等级资质。

感谢为本书提供一对一教练案例的夏大伟教练、周珊珊教练的专业付出，他们提供的案例为教师掌握如何运用教练的方式帮助自己和他人解决问题提供了有力的参考。

感谢乔于格、李子娟、马辰、王晓頔、朱宏、徐晓燕、董京华、王黎力、姜炜铭、韩晓晶等老师的积极实践，他们的案例丰富了本书的内容，为读者理解和掌握本书的理念与工具提供了有力支持。

在此特别感谢广东佛山大沥实验小学国际部邹小磊主任，他对我们在广东佛山大沥实验小学导入教练领导力的全过程进行了清晰的梳理和总结，并撰写了案例，为中国教育系统如何开展"家、校、社"三方共育提供了完整的案例参考。

感谢牛宝义先生为本书题写书名。牛宝义老师是书法家欧阳中石先生早期的入世弟子，现为中国书法家协会会员、中央国家机关书法家协会副主席、中央国家机关美术家协会副主席。

感谢北京亚细亚高智企业管理咨询有限公司的武红霞为本书手绘精美的视觉呈现图，使读者更为直观地了解全书内容。

我们期盼此书成为教练型教师在中国发展的一粒种子，帮助更多教师在祖国教育事业蒸蒸日上的这块土地里结出累累硕果。我们看每位学生时，都把他想象成一颗钻石的原石，我们期待通过教练型教师的慧眼支持，让每颗原石都释放出最闪光的一面。我们有一个美好的心愿：愿教练型教师技术在未来10年走进一万所中国的学校，赋能一万位校长、培训一千万位教师、影响一亿位家长（接受20小时教练培训）。

一呼一教练，一吸一教练，我们希望教练方式在教师的工作中像呼吸一样自然。

作为教练技术在教育领域应用的探索之作，本书一定有不足之处，还望读者朋友们多提意见。我们的邮箱是109012523@qq.com，微信号是13910129217和1978319665，期待得到大家更多反馈，共同为中国的教育事业百年大计贡献自己的绵薄之力。

郑磊　忻春

目录

第1章 成为教练型教师的意义 / 001
　　教练型教师与传统型教师的区别 / 005
　　教练型教师是如何工作的 / 008

第2章 教练型教师模型 / 016
　　教练型教师模型简介 / 017
　　模型内容 / 018

第3章 教练型教师的四种卓越状态 / 022
　　相信 / 023
　　悦纳 / 031
　　激发 / 041
　　觉察 / 053

第4章 教练型教师的八项积极行为 / 057
　　真诚欣赏　尊重鼓舞 / 058
　　包容同理　给予空间 / 059
　　好奇探索　启迪梦想 / 062

多维思考　深度认知　/ 065

第5章　成为教练型教师的工具和技巧　/ 070

说（沟通）　/ 071

听（倾听）　/ 077

观（思考）　/ 087

觉（学习）　/ 101

第6章　教练型教师的最佳应用实践　/ 112

案例一：应用教练型思维和工具辅导骨干教师进行教学管理和自我管理　/ 113

案例二：运用教练思维和工具与特别的学生有效沟通　/ 118

案例三：我是怎样应用教练型思维和工具来辅导教研负责人做好精力管理的　/ 123

案例四：帮助教师提升自我认知，调整情绪状态　/ 127

案例五：辅导教研负责人做好向上管理　/ 131

案例六：辅导教研组长发挥组长的带头作用　/ 134

案例七：辅导资深教师提高情绪管理能力和专业能力　/ 137

案例八：辅导大班年级组长提高教学设计能力　/ 140

案例九：辅导大队辅导员兼任课教师提高综合工作能力　/ 142

案例十：帮助中学生改变学习习惯和提升自信心　/ 145

附录A　教练型教育者课程（原创版权项目）介绍　/ 157

参考文献　/ 168

后记　/ 169

第1章 成为教练型教师的意义

来自一线教师和学校领导的心声

面对社会大环境的变化加速、教育变革加快、学生更加多元化、同行更加年轻化等问题,我发现自己开始力不从心——不但在教学中遇到了很大挑战,而且在自我成长中遇到了瓶颈。这让我时常会把情绪带到工作中,不仅影响了我的学生,还影响了我的家人。我发现过去的理论和方法有的虽然仍然有效,但很多已经不能够满足新时代的教学要求了。面对现状,我不知道自己应该怎样做才是一位好教师,很迷茫。

——拥有15年教龄的一线教师

我担任一所小学的德育负责人已经5年了。因为德育和教学一直都是学校里特别重要的工作,所以我经常会与一线的教师们沟通和交流。我发现教师们现在其实面临着很多压力:新时代的学生有各种各样的状况,搞得教师们疲惫不堪,尤其是当班级里出现所谓的"问题生",或者家长们特别强势时,教师们就更不知该如何应对了,说轻了没效果,说重了又担心刺激到他们,教师们过去所学的专业知识不足以支持他们面对这些错综复杂的新情况。有个别教师在跟我讲述他们工作中遇到的心力交瘁的故事时,都把我聊哭了(尽管我是一位内心非常坚强的男教师),我真心希望能够帮助教师们从压力中走出来,所以如何能够为教师们减压,传播正能量,是我特别希望学习并分享给一线教师们的。

——某小学德育副校长

第1章 成为教练型教师的意义

我是一名"70后"初中教师,从事教师这份职业30多年,并做过20多年的班主任。在我当教师的这些年中,培养出很多非常优秀的学生,每逢佳节都会收到学生发给我的微信,或者接到他们的电话。有的学生每年都会来学校看我,感谢我当年对他的支持和帮助。说实话对于他们提到的在校期间发生的事情有时我都没有丝毫印象了,但学生们认为那些事情在当时和后来对他们影响巨大。

作为教师,看到学生们长大成才,我心里甭提多高兴了。虽然干了这么多年教师工作,但我对于有些经常发生的事情也是困惑的,其中最大的困惑就是在今天如何更好地与家长沟通,做好家校共育。

学生在学校通过我们的影响,是可以看到他们的进步的,可是有的学生回到家中,由于家庭环境不同、家长们的教育方式不同,导致回家后出现很多问题。有的家长的教育方式与学校的相距甚远,甚至可能是有冲突的。而这样的情况不仅会给学生们造成困惑,而且会使有些原本成绩很好的学生的成绩一落千丈。在跟家长沟通学生学习成绩的过程中,家长们的反应是不一样的:有的家长非常急躁,有的家长则完全无所谓,有的家长口头说得都很好可就是不行动。这只是在沟通学生成绩时的问题,就已经很难了,更别提遇到与家长沟通学生的其他问题了,更是难上加难了。

过去我与家长的沟通都是基于我这30多年的经验见招拆招的,但随着学生情况的日益复杂化,我越来越感觉过往的经验已经不够用了,特别想掌握一些更科学有效、与时俱进的与家长沟通的方法,让我们家校沟通更顺畅。

——拥有30多年教学经验的一线教师

> 我是一名教学副校长，曾为一名高中教师。众所周知，高中对于学生和教师来说每天都是跟时间赛跑，分秒必争，这个阶段关乎每个学生的前途，也关乎学校的声誉，所以教师和学生的压力都特别大。
>
> 作为教学副校长，我的工作重心就是提高教师的教学水平以更好地支持学生提高成绩，最终助力学生考上理想的大学。
>
> 在学校里，有一部分老教师虽然教龄长，且该拿的职称都拿到了，但教学方式和教学内容陈旧，对于教学创新有抵触、有明显的职业倦怠倾向；还有一部分年轻教师，工作态度不端正、责任心差、知识不丰富、不虚心学习，浮躁不踏实，甚至对于有的教师你跟他前脚刚沟通完，结果他后脚二话不说就裸辞撂挑子了，这些情况都很常见，也是我们学校迫切需要解决的问题。
>
> 所以，我目前面临的重大挑战就是如何激发老教师的创新活力、解决其职业倦怠问题，以及如何管理新教师并与其沟通。
>
> ——某高中教学副校长

在我们这所高校里，教师队伍的打造是个关键问题。我们的队伍主要包括行政人员（14名辅导员、心理健康和教务人员）和47名专业教师。

教师专业化水平整体很高，47名教师里99%博士毕业，年龄在40岁上下，目前负责四个系的学科教学。他们教的学生很多都来自像清华附、人大附、衡水中学这样的重点高中，都很聪明，所以如果选用按部就班、一潭死水似的教学方式则不能激发学生的学习兴趣。

作为校领导，我最头疼的是如何提高教师在课堂上激发学生学习热情和主动性的能力，把课教得有意思，让课堂学习更活跃和更生动。

对于辅导员来说，他们最关心的是：如何激发学生的创造性？如何与不同代际的学生谈心和谈话？如何正确处理危机？如何帮助学生进行职业生涯规划？如何支持教师在自我成长和自我认知方面加快速度？如何做好学生干部管理？如何及时帮助学生梳理情绪？如何解决学生的配合度问题？如何加强和不同学生的连接性？如何平衡是服务学生还是管理学生的冲突？等等。

——在京某高校校长

以上这些心声都是两位作者这些年在学校培训和项目辅导期间所听到的具有很多共性的真实声音，从中可以发现底层问题：如何调节自身及学生的情绪压力？如何帮助、支持学生发现自身潜能并排除干扰活出真正自己？如何有效地与家长、学生、教师沟通？如何解决老教师的职业倦怠、激发创新活力等问题？这些问题让我们意识到，教师需要转型，而教练型教师则可以很好地解决以上这些问题。

教练型教师与传统型教师的区别

教练型教师以对学生百分之百无条件的爱为圆心，拥有百分之百相信、悦纳、激发的能力，同时保持自我觉察并支持陪伴学生提高觉察能力，助力学生打开内在智慧、唤醒自我生命力成为真正的自己。

教练型教师是和学生一起成长的，这样的教师不仅能找到自身优势，实现自己的价值和梦想，更重要的是能助力学生发现自身优势，激发梦想促进行动，实现他们的价值和梦想。

以下从如何激发学生的学习兴趣和如何探索学生的未来梦想来看

传统型教师和教练型教师的区别。

1. 传统型教师和教练型教师在激发学生学习兴趣上的区别

（1）传统型教师

传统型教师大多凭经验直接告诉学生应该或必须对学习有兴趣。因为他们认为：

- 学习好，将来可以考上好的大学；
- 考上好的大学，毕业就有好的工作；
- 有了好的工作就有好的前途；
- 有了好的前途这一辈子就会生活幸福；
- 如果不好好学习，就没法获得幸福生活。

（2）教练型教师

教练型教师通过培养专业的能力和素养来倾听学生真正想要的是什么；通过提问和学生一起探索其自身的卓越性和优势，并进一步探索学生的兴趣点；基于学生的兴趣点探索其学习兴趣，并探索出学生兴趣点背后的更高层次意图；帮助学生把自身兴趣和学习兴趣进行有机结合，进而和学生探索具体的行动方案；支持学生的选择和决定。

2. 传统型教师和教练型教师在探索学生未来梦想上的区别

（1）传统型教师

传统型教师大多凭经验和自身感受及感悟来直接告诉学生要有什么梦想。

一般来说，一些教师会根据对每个学生的了解直接给出学生要有什么梦想的建议，虽然考虑了学生的个体情况，但仍以教师的理解为主；另一些教师会直接给学生一些自认为不错的梦想。

（2）教练型教师

教练型教师通过培养专业的能力和素养来倾听学生想要的梦想；和学生共同探索为什么有这样的梦想；和学生共同思考如果梦想实现了会怎么样、会产生什么影响，以及为什么这样的影响会很重要；进而探索出学生内心的真正追求，以期最后探索出学生如何实现这一梦想。

综上所述，教练型教师通过一系列提问和回答，帮助学生明确想法，以此帮助学生创建自己的梦想。更重要的是，帮助学生觉察为什么那个梦想对自己那么重要，以连接最本真的自己。

对教练型教师来说，无论学生说出来的梦想是伟大的还是渺小的，都不加以评判和干预。

通过以上的例子可以看到，传统型教师在教学中更多的是把自己掌握的知识和经验教授给学生，更多的是以专家和"过来人"的身份给出答案，并且通过直接教授的方式帮助学生接受和掌握相关知识或观点；而教练型教师更多的是通过引导、启发让学生自己学会找到关键点或找到问题的答案，以及思考为什么这个觉察对自己而言意义非凡。传统型教师和教练型教师的根本区别如图1-1所示。

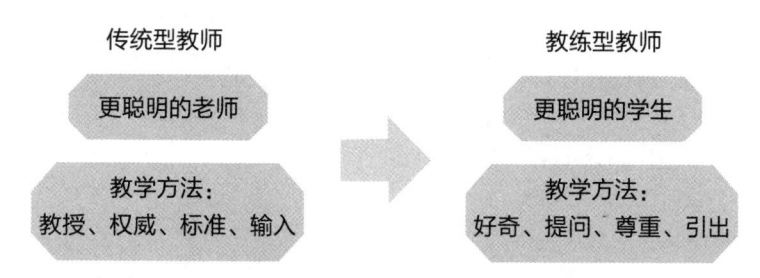

传统型教师	教练型教师
更聪明的老师	更聪明的学生
教学方法：教授、权威、标准、输入	教学方法：好奇、提问、尊重、引出

图1-1 传统型教师和教练型教师的根本区别

传统型教师的优势是教师可以依据过去教学中积累的经验把考试中经常出现的知识点或人生经验进行总结提炼，教授给学生，学生只要按照教师教的方式做，就容易取得好的成绩或少走弯路。但这样做会有一些局限：对教师来说，在教学中总是教相同或相似的知识，时间长了会有倦怠感，缺少了体验变化的乐趣；而对学生来说，"填鸭式"的教学方式使他们的学习更多的是以被动接收为主，长久以往对学习的兴趣自然就会下降，也容易因为缺乏独立和系统思考，没能培养自主思维的学习能力。

陶行知先生曾经说过："好的先生不是教书，不是教学生，乃是教学生学。"教练型教师的教学方式，可以帮助教师以学生为中心，把焦点放在学生身上。教练型教师通过引导、启发的方式，让学生可以更多地独立思考，并可以激发学生的学习热情，使他们在充分享受学习的过程中实现自主提高的目的。爱因斯坦说如果把学生的热情激发出来，那么学校所规定的功课就会被学生当作一种礼物来领受。由此可见激发学生学习兴趣的非凡重要性之所在。

教师的职责，不在于教给学生学问，而在于启发学生的学习兴趣，当兴趣已经很浓的时候，再教他学习方法，这才符合优良教育的原则。叶圣陶先生和陶行知先生都曾认为教是为了不需要教。教师要引导学生，使他们能够自己学，并且能够自己学一辈子，学到老。教育不是灌输，而是点燃火焰。

教练型教师是如何工作的

以下介绍一个真实案例，以便更清晰地讲解教练型教师是如何工作的。

从教练型教师培训中学习如何与家长有效沟通

——某一线教师

第1章 成为教练型教师的意义

教练型教师这一概念在近年来被引入国内，教育行业则抓住机会，积极引导教师接受教练的专业培训。北京市很多教育单位都展开了教练型教师的专项培训，参训的教师通过培训学到了新的管理班级、家校沟通等技能。我经过学校组织的教练型教师培训和数次一对一教练，在管理班级和学生及家长有效沟通等方面都有非常大的收获。

下面我想分享一个与家长成功沟通的案例。

沟通背景的基本介绍：明明（化名）初一时因为身体原因休学一年，之后跟着新一届的初一重读。重读的第一个学期，明明因为身体原因，请假次数位居年级最高，且经常不主动和班主任请假，就未到校。明明平时和父母、爷爷、奶奶生活在一起，除母亲外其他长辈们对她十分溺爱。

沟通缘起：周一早自习，明明因为没早起而旷课且没交作业。因为类似事件我之前不止一次和她的父母沟通过。在经过教练型教师培训和一对一教练后，我想运用教练方式和她的父母来次"不一样"的对话，因此借着这个契机联系了她的父母来校沟通。

下午放学之后，明明父母陪同明明在阅览室补作业和写检讨，在她完成各项作业之后，我便开始了和明明父母的对话。

由于明明身上存在的问题比较多，所以谈话之前我心中头绪万千。作为一名新教师，我一开始确实不知道应该从哪里开始谈。因此，沟通的最开始，我先请明明父母来说说明明的问题。

明明的母亲说到明明的问题时，泪流满面。这时，明明也不由自主地泪流满面，但她的表情是抗拒的且看起来根本不认同母亲的话。而这时她的父亲在一边打马虎眼，认真跟我说有问题的是明明的母亲。明明母亲说在跟明明沟通的具体过程中感觉到绝望，而且一家人都不支持她的工作。通过她的描述我了解到明明的父母做生意很忙，父亲溺爱明明，而母亲想严格管教，但是拆台的除了明明父亲还有爷爷、奶奶。在沟通期间，明明母亲的哭诉长达20分钟，明明父亲偶尔发言，明明默不作声。我看到父母和明明之间的隔阂，以及父母想要改变这种局面的迫切愿望。

20分钟过去了，我询问明明母亲现在迫切需要解决的问题是什么。明明母亲很为难地沉默了，仿佛所有问题都无法解决一样，明明父亲这时回答说是起床问题，他说："每到早上要上学时，家里总是'鸡飞狗跳'。"在父母说到这个问题的时候，明明的表情更敌对了，仿佛旁边坐的是仇人一样。这个时候我知道肯定不仅有明明自身的问题，还有她父母的问题。

最终确认本次沟通话题：

①父母和明明之间无法有效沟通；

②明明的生活习惯问题。

听到这里，我想到每周四在我和教练开始对话时，教练总是让我先说出自己目前存在的问题和最想解决的方面，再引导我自己解决问题。我想，如果把这种方法也运用到明明的问题解决上呢？于是，就有了以下的对话。

我：在早上起床中你遇到的困难是什么？

明明：瞌睡，起不来。

我：你晚上几点睡？

明明：有时候睡得早，11点多；有时候睡得晚，12点多。

我：是什么阻碍了你早睡？

明明：不想睡，而且作业多，写完作业之后还想玩会儿手机。

我：这样你玩得高兴吗？

明明：玩的时候高兴，第二天就不高兴了，起不来。爸爸妈妈还说我。

我：你想要改变吗？

明明：想吧。

我：那就是还不太确定了。既然不确定，为什么还想呢？

明明：早上我也不是不想起，就是太瞌睡。

……

听到这里，我明白明明有想要变好的愿望，只是现在还做不到自控，且和父母关系不够亲密，身边缺少能够细致引导的人。于是，我就和她分享了我自己的一个例子：每天晚上工作到11点半之后休息，我也很困，早上起床也困难，那怎么办呢？我是不是这半学期以来，一次都没有迟到过？没有人是没有惰性的，这是人性的弱点之一。你猜猜我都采用了哪些方法对抗自己的懒惰？

和明明沟通到这里，她的表情自然了很多，同时她的父母看到明明开口说了这么多话，对我这个小班主任也有了更多认可。

我尝试着让明明自己给起床问题想办法，她在我的引导之下，慢慢说出了这些方法：隔3分钟定一次闹钟、设置偶像EXO的歌为闹铃、先在床上轻轻活动一下身体、吃一颗棒棒糖用味蕾唤醒自己沉睡的心……明明的心扉在这个时候已经完全打开了，自己找方法的时候表情轻松舒适了很多，父母的表情也轻松了，而明明对父母的戒备也少了很多。明明这边的问题通过教练方式解决得差不多了,父母这边的问题还要继续沟通。我告诉明明父母:明明毕竟还是孩子,虽然自己找到了解决问题的方法,但是家长也不能放松。"冰冻三尺,非一日之寒",问题不是一天养成的,肯定也不能一天解决。家长这边也得做好打持久战的准备啊!明明和父母听完都笑了。

将近1小时的沟通,让明明解决了自己的起床问题。家长来一趟,也不能只解决一个问题呀,那样岂不是浪费家长的时间?本着这个原则,我继续问明明父母,还有没有让他们很头疼的问题?明明母亲说还有一个问题:"明明寒冬腊月不穿秋裤。"听到这个,我一下子就乐了,大家一定都听过"有种冷叫妈妈觉得你冷"。忍住笑我再次展开了和明明的对话,同样还是不直接给建议和解决办法,只通过提问让明明自己找答案。

我:不穿秋裤冷不?

明明:不冷,教室里暖和。

明明母亲:还不冷,腿都冻青了。

明明:我就是不冷。

我:明明妈,让我先来和明明沟通您看好吗?明明,在这栋楼里肯定不冷,教师穿得也很少,你在等公交车的时候冷吗?

明明:等车有点冷,下楼去上操时也有点冷。

我:既然如此你愿意忍着冷也不穿,肯定有你的理由,你可以跟我说说是什么原因吗?

明明:穿上秋裤之后,秋裤老是往上跑,我觉得不舒服。

明明母亲:你就是怕显胖。

明明父亲：你说你，穿一条秋裤能胖到哪里去。

我：爸爸妈妈先不要说话，咱们先听明明讲。你有没有问问其他同学是怎么做的？怎么能做到秋裤不跑？

明明：好像他们也不穿秋裤。

我：其实保暖也不是只有穿秋裤一种方法，还有没有别的方法了？

明明：我换个到脚踝的羽绒服，等车的时候也是一样不冷的。跑操就下去冷1分钟，跑起来就热了。

我：好啊。自己找到的办法很好呀。即使不穿秋裤也冻不到自己，对不对？

明明：本来就是不冷，爸爸妈妈太紧张了，但是我真的没有那么冷。

沟通到这里，明明的父母也不再坚持一定让明明穿秋裤了，毕竟只要孩子不冻着，别的都好说。气氛到这时已经很温馨了，我觉得还能帮他们家再解决一个问题，这个问题也关系到之后他们家能不能和平共处。这就是明明和母亲之间的沟通问题。有了之前两个问题的预热，明明和父母都对这个问题的解决抱有极大的信心。

明明母亲：其实我小时候在我母亲那里很缺爱，所以我经常想要亲近明明，但是明明总是说别碰我，我很难受……（明明母亲说着就哭出来了。）

我：明明，看着妈妈哭，你在想什么呢？都说女儿是母亲的小棉袄，让我看看你懂不懂妈妈的心。

明明：我不知道这句话对会伤妈妈的心，我做错了。（递纸巾给妈妈的时候她也哭了。）

我：那你想想，假设有一天，你和妈妈聊天很愉快，然后手挽手地逛街，你开心吗？

明明：肯定很开心。

我：那你愿意为这一天的到来做些什么呢？咱们从最简单的开始做起。

明明：可以放学回家跟妈妈说一句"我回来了"，聊几句学校的事情。

我：明明妈妈，您觉得为了美好的这一天的到来，您可以做些什么呢？

明明母亲：我可以直接和明明说说我的想法。

我：你们一家人觉得还能做些什么呢？

明明的母亲和父亲、明明：一起看电影、出去逛街、在家里闲聊……

就这样一家人的沟通问题在轻松愉快的沟通中迎刃而解，一家三口脸上都洋溢着幸福的笑容。看着他们一家从对立有隔膜，到有些许缓和，再到冰雪消融，我心里的愉悦之情任何东西都替代不了，那一刻，我仿佛对教师这一职业的体会更深了，也更喜欢了。

这次沟通之后，明明第二天仍然迟到了。我当时心里五味杂陈，怎么会这样呢？但是我忍着没有问明明原因。从第三天开始，这个经常早自习迟到、旷课的学生，到现在为止再也没有迟到过，且文明礼貌方面的表现也受到了其他教师的夸赞。

我惊喜地看到教练式的沟通是真正有效的。守得云开见月明，在拥有教练型教师的思维和工具后，从此不再像以前一样毫无章法地和家长讨论学生的问题了。真庆幸我每周都坚持和教练做一个半小时的一对一教练，潜移默化之中使自己在沟通和解决问题时也不由自主地化身为教练，像教练帮我解决工作中的问题一样，帮助家长和学生解决他们生活中的问题。也是在这样一次次成功解决家长和学生之间的家庭矛盾和解决困扰学生许久的问题时，我更加觉得把教师称为学生的心灵导师是当之无愧的。

在这半年的班主任工作中，我体会最深的是每个问题的出现都是我们通往卓越之路的垫脚石，每个问题都有解决方案，每个问题都不止一个解决方案。只要不放弃、只要坚持、只要踏实肯干，那个最好的自己，就在不远处向你挥手。

通过以上案例你对教练型教师如何工作是不是有了更多了解？读到这里，我们邀请你先停顿片刻，思考一个问题：如果在你的教学工作中加入教练的元素，你期待会对你的工作产生怎样的影响呢？

第 2 章

教练型教师模型

教练型教师模型简介

本书基于我们将近10年在教练领域的实战经验，结合近5年在学校的教练实践，依托国际教练联合会（ICF）关于教练的理念哲学，萃取出教师在教练能力提高、促进自身和学生行为改变上效果显著的教练工具和方法，研发了爱心教练模型即教练型教师模型，如图2-1所示。

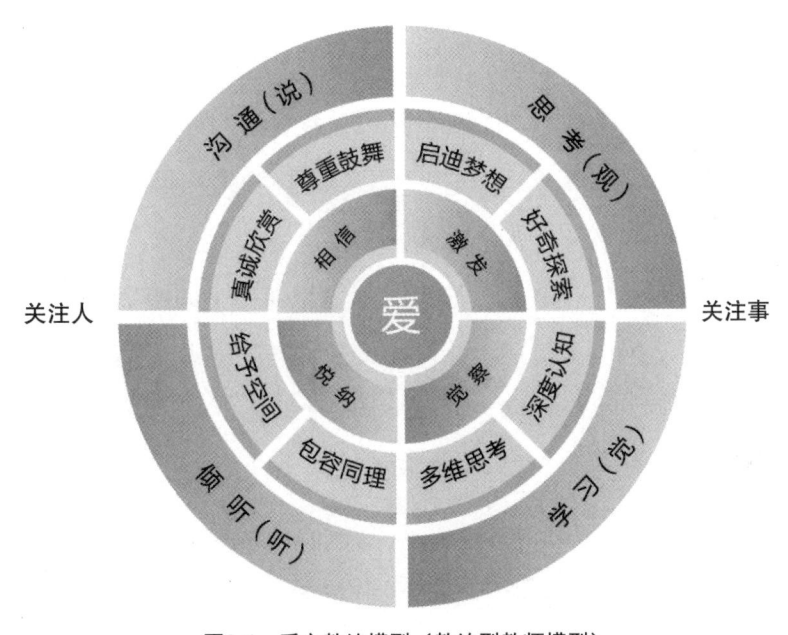

图2-1　爱心教练模型（教练型教师模型）

爱心教练模型给走在成为教练型教师路上的教师一个关于教练型教师的全景观，方便教师在学习教练的过程中能够更好地理解和记忆相关理念、方法和工具。

爱心教练模型具体包括以下内容。

① 一把万能钥匙：爱。

② 四把密码钥匙：相信、悦纳、激发、觉察。

③ 八把指纹钥匙：真诚欣赏、尊重鼓舞；包容同理、给予空间；

好奇探索、启迪梦想；多维思考、深度认知。

④四把面部识别钥匙：沟通（说）、倾听（听）、思考（观）、学习（觉）。

如果把学生的世界看成一个宝库，毫无疑问里面藏着的都是最本真的希望与美好。爱心教练模型就是用来打开宝库锁的钥匙，先用"爱"这把万能钥匙插入钥匙孔，宝库的第一道门应声而开，接着用"相信、悦纳、激发、觉察"四把密码钥匙打开第二道门，然后使用"真诚欣赏、尊重鼓舞；包容同理、给予空间；好奇探索、启迪梦想；多维思考、深度认知"八把指纹钥匙打开第三道门，最后使用"沟通（说）、倾听（听）、思考（观）、学习（觉）"四把面部识别钥匙打开宝库最后一道门。这个过程就像面对不同的宝库门，拿出对应的钥匙，轻松打开宝库，让宝藏绽放光芒。这些钥匙，也可以理解为音调，教师可以通过独具匠心的任意组合，运用层出不穷的搭配，把学生世界的美妙音乐演奏出来。

模型内容

一个中心：爱

古往今来，爱是人类永恒的主题。爱是一种主动给予的幸福感，是指一个人主动以自己所能，无条件尊重、支持、保护和满足他人无法独立实现的人性需求，包括思想意识、精神体验、行为状态、物质需求等。爱的基础是尊重，爱的本质是无条件地给予，而非索取和得到。真正的教育是触动心灵的教育，关键在于是否能够走进学生的心灵、能否打动学生的心灵。就像苏联著名教育家苏霍姆林斯基所说的："我们要像对待荷叶上的露珠一样，小心翼翼地保护学生的心灵。"

正因为爱是一种发自内心的情感，所以在我们的模型中，教师对学生的"爱"是重中之重，是圆心也是核心。学生一旦感觉到教师的这种情感，就会"亲其师，信其道"，不断自我激励、努力学习，也会自觉表现出对教师的尊重，这样就会形成良好的师生相互信任、理解的氛围。在这样的氛围中，师生交流沟通渠道畅通，学生愿意与教师谈论自己的思想，真诚倾诉，从而达到良好的教育和教学效果。当然，这里提到的教师对学生的爱绝对不是一味地溺爱，保持爱的心态对待学生，不等于纵容学生犯错，而是尊重学生的人格、不侮辱学生，同时对于错误会帮助学生自我觉察。教师保持宽容和中立，才能公平地对待每个学生。关心学生，不仅要关心学习，还要关心身心健康和品德修养，先成人再成才。做到这一点并不容易，教师也是人，也有个人情感、个人好恶、长项和弱项，教师只有对学生有无私的爱心，持续不断自我修炼，才能控制和调整自己的个人情感，更有力地支持学生。

一个好教师是什么样的？首先他是这样一个人：他热爱学生，感到和学生在一起是一种乐趣，相信每个学生都能成为好人，善于跟他们交朋友，关心学生的快乐和悲伤，了解学生的心灵。

在我们看来，爱的教育首先是"充满情感的教育"。也许有人会强调教育不能完全被感情取代，对此我们完全同意，所以我们认为教育必须充满感情但一定不是仅仅如此。想要真正做到爱学生，就必须善于走进学生的情感世界。虽然感情不能取代教育，但教育必须充满感情。要爱学生，就要想办法使自己成为学生的朋友，去感受他们的喜怒哀乐，与他们的内在声音同频；要爱学生，既要对学生严格要求，不一味地迁就学生，也要对犯错误的学生以爱护的心态去陪伴、支持、唤醒，让他们自己认识到问题所在并能找到相应方法和资源去解决。而这种教育通常绝非一两次就可以完全奏效或达到目的，所以非常考验教师的安在当下、深度倾听、中正好奇、高度觉察的状态。简而言之，百分之百无条件爱学生是成为教练型教师的出发点。

因此，我们关于教练型教师的爱心教练模型的最核心部分是"爱"，用无条件的爱来保护学生最柔软又最智慧的内心。爱是教育的源泉，没有爱的教育，很难称为教育。爱是一把"万能钥匙"，百分之百无条件的爱可以打开任何一扇心门。爱因斯坦曾说："只有爱才是最好的老师。"教育的本质是把学生当成一个"完整的人"，支持学生释放所有的潜能和天赋，成为真正的自己。也正如苏联教育家马卡连柯所说的："教师的心应该充满对每个他要与之打交道的具体的学生的爱，尽管这个学生的品质已非常败坏，尽管他可能会给教师带来许多不愉快的事情。"

四种卓越状态

状态（Being）先于行动（Doing）。爱的外圈是四种卓越状态。我们把"相信、悦纳、激发、觉察"作为爱心教练模型的坚实支柱。在爱的源头下教师"相信、悦纳、激发、觉察"学生，教育的阳光就能照射进学生的心灵，学生就能健康快乐地成长。

八项积极行为

当具备了相信、悦纳、激发、觉察四种卓越状态时，继而会呈现八项积极行为（真诚欣赏、尊重鼓舞；包容同理、给予空间；好奇探索、启迪梦想；多维思考、深度认知）。这八项行为对应四种状态，每两个行为对应一种状态。

四类外在表现

在八项积极行为的基础上，教练型教师会进而呈现四类外在表现：沟通（说）、倾听（听）、思考（观）、学习（觉）。

如果把这个爱心教练模型比作一棵树，那么从叶片到枝杈，再到树干，最后到根部，你会发现看似无关联的事物实际上是有千丝万缕的联系的，而恰恰这种联系是深层次的。在爱心教练模型中，爱是根基，四种卓越状态是主干，八项积极行为是枝杈，四类外在表现是树叶，这样就能形成一棵枝繁叶茂的参天大树。这个模型不仅适用于教师教育学生，也适用于教师对自己的修炼。

如果每位教师都以爱为源头，拥有相信、悦纳、激发、觉察四种状态，呈现真诚欣赏、尊重鼓舞、包容同理、给予空间，好奇探索、启迪梦想、多维思考、深度认知这八项行为，且在实际的教学工作中使用4D沟通法、3F倾听模型、5R教练模型、MBTI、VAK表象系统等简单工具（后面会具体介绍），那么每位教师都能成为真正的教练型教师。

第3章

教练型教师的四种卓越状态

相 信

正如杨安在《相信的力量》中所述的：相信，奇迹一定存在；相信，让今天更有价值；相信，你才是命运的掌控者；相信的伟大力量，可以改变你的生命。

有个童话里人们说两遍"芝麻开门"，宝藏的大门就会打开。这个童话告诉人们相信可以助你实现一切。在教育的世界里，相信就更加弥足珍贵，只有相信才能实现，只有相信才能遇见，只有相信学生的未来才能遇见学生的未来。

我（忻春）在小学四年级的寒假之后转学到了一个重点学校。我原来的小学没有英语课程，而在20世纪70年代末的中国，学习外语的条件远不如现在成熟、方便，既没有校外补课机构，更没有美剧可看，周围的人也没学过英语，因此这落下的半学期英语课让我非常着急。就在这时，教我英语的罗老师说："孩子，别着急，每天放学后来办公室找我，老师给你补，我相信你一定会跟上现在的进度的。"

接下来的连续几周，每天放学后罗老师都在办公室里等着我，用一小时的时间给我补课。开始时，因为是初次接触外语，加上心里很着急，我的舌头不听话、单词记不住、句子背不下来，总之学得很吃力，对学英语完全没有信心。当时，罗老师和风细雨地对我说："不要急，慢慢来。老师相信你一定学得会。"

罗老师对我的相信给了年幼的我希望和力量。在罗老师的耐心陪伴和细心讲授下，两周后我就赶上了课程进度，并且最重要的是从此激发了我对英语的学习兴趣。在后来的学生时代，英语是我除语文外最喜欢也一直是除语文外成绩最好的科目。

此外，英语在我出国留学、日常工作中起了很大的帮助作用。记得申请留学时，因为错过了那年的托福考试（当时不像现在的机考时间灵活，一年只有两次的固定时间），无法给申请学校提供托福成绩，而再等下次考试就要再等一年。我试着给国外学校负责招生的负责人打国际电话说明情况，询问是否有其他方案，负责人听说是我本人申请后说："根据你的口语水平我相信你可以跟得上学习进度，我可以给你发一个'有条件的录取通知书'（Conditional Offer），你先来和其他同学一样正常上课，之后在规定时间内参加我们国家的一个英语考试，如果通过就可以换成正式的录取通知书。"

就这样，之前练就的英语能力帮助我成功地在那年没有托福成绩的情况下，如愿地拿到了录取通知书去出国留学了。

在那个年代，罗老师对我的帮助是无私的。她从没有收取过我的补课费。更让人感动的是，她本人还是癌症患者，因为手术截去了双腿，每天在轮椅上给我们上课，放学后帮我补课。她对我的信心开发了我的英语潜能，点燃了我学习英语的热情，这都多亏了罗老师对我的相信。

如果没有这份相信，我的生活或许就是另一番模样了。正因为我的成长过程中有幸遇上不止罗老师一位这样相信我的教师，才成就了今天自信、积极、充满感恩与爱的我，才使我在生活和工作中践行相信的力量。因此，虽然我不是教师，但对教师充满了敬重，而罗老师对我的相信也是我投身教练型教师培养的动力。

教育专家朱旭东说："教育的美妙境界就是有心而无痕。"

教师的力量是伟大的，这种爱总是带给学生爱和希望，尤其在逆境中，对学生的爱可以让学生坚信相信的力量。尼采说："强烈的希望，比任何一种已实现的快乐对人生具有更大的激奋作用。"作为教练型教师，让我们相信爱服装的学生会成为时装设计师，爱画画的学生会成为艺术家，爱音乐的学生会成为音乐家，爱玩的学生会成为旅行家，爱吃的学生会成为美食家，爱烹饪的学生会成为厨师，只要他们自己愿意。总之相信学生，用我们的相信去给学生的成长注入能量和祝福，我们的学生都将拥有一个光明美好的未来。

带着爱的相信是一种强大的能量状态，当教师具备这种能量状态的时候，任何一个学生都可以感受到，而这种能量状态的强弱体现每个人的修为。苏霍姆林斯基说："教育才能的基础，是深信有可能成功地教育每个儿童。我不相信有不可救药的儿童、少年和男女青年。要知道，我们面前的这个人才刚刚开始生活在世界上，我们可以使这个幼小的人身上所具有的美好的、善良的、人性的东西不受压制、伤害和扼杀。因此，每个决心献身于教育的人，都应容忍儿童的弱点。如果对这些弱点仔细地观察和思索，不仅用脑子，而且用心灵去认识它们，就会发现这些弱点是无关重要的，不应对它们生气、愤怒和加以惩罚。"

我们经常听到"相信相信的力量"，那么如何持续提升自己相信的状态呢？每天写"相信日记"则会很好地提升自己相信的状态。相信日记（21天）的参考范本如图3-1所示。

相信日记（21天）

1 学生	2 身体
今天我对学生有哪些相信呢 如：相信小李同学一定可以在辩论大赛中获得冠军	今天我对身体有哪些相信呢 相信我的感冒很快就能好起来
3 关系	**4 期待**
今天我对家人有哪些相信呢 如：相信今日我们家庭的出游计划一定可以顺利成行	今天我对自己期待实现的事情有哪些相信呢 如：相信今天的教师活动一定圆满成功

吸引力法则

相信什么就会吸引什么

图3-1 相信日记（21天）的参考范本

我（忻春）曾经在一所特殊学校做志愿者时送给学生们的一首诗：

孩子，我们相信你们

我们相信你们是宇宙派来的天使

我们相信你们是世间美好的精灵

我们相信无论你们的未来如何

你们都会如星辰般永恒

你们都会如太阳般闪耀

我们相信当你们遭遇挫折时依旧自信勇敢

最终找到战胜困境的方法

我们相信你们会懂得挑战不是为了将你们打垮

而是教会你们人生的智慧

我们相信你们的卓越相信你们的担当

我们相信你们的智慧相信你们的果敢

我们相信你们肩负着使命而来

我们相信你们开创着当下而来

我们相信你们承载着未来而来

我们相信你们将创造你们的世界

这所学校的学生，身份非常特殊，他们的父母都是因为输血而不幸感染艾滋病的。在社会上，他们饱受白眼、斜眼和冷眼，当听完这首诗后，他们纷纷用文字、绘画和音乐等不同形式表达心中受到的鼓舞和对未来的信心。有的学生立下了要考入北大医学院的目标，将攻克艾滋病作为研究方向，并在几年后如愿以偿，还给我（忻春）写信汇报喜讯并感谢我当年的赋能。

大家一定对伟大发明家爱迪生小时候被学校劝退的故事不陌生：他小时候曾经被教师说有智力障碍，因为他上学时特别喜欢问教师一些很奇怪、很傻的问题。终于有一天教师把他妈妈叫来并和他妈妈说孩子智力有问题，劝他妈妈给他办理退学。但是当爱迪生问为什么学校不让他读书时，妈妈却对他说："教师说你太聪明了，学校教的东西太简单了，所以你不用去学校学习了，以后我们就在家里自学。"当然这是一个反面例子，在教师不相信学生（爱迪生）的情况下，智慧的爱迪生妈妈并没有因为教师对爱迪生的放弃而放弃他，相反采取了一种"百分之百相信的"方式来激励他，最终使爱迪生成为举世闻名的发明家。可见，对学生的信心有多大，学生的未来之路就可以有多宽广。

以爱为出发点去相信，相信学生是全面完整的，学生有他需要的一切资源。当我们作为教师有这种相信的能量的时候，就能充分地做到支持学生成为更好的自己，同时教师自己也能保持好的状态，如果没有相信这个基础就很难做到后面要说的悦纳。

案例分享：如何无条件地相信孩子

我（一位家长）的孩子现在四岁了，在他刚上幼儿园时，我几乎每天都处于崩溃的状态，因为很多老师都说他无法无天。当时的我在听到这样的评价时，内心无比地纠结和难受，并陷入深深的黑色地带里，不由自主地质疑自己，且难以接纳孩子，久久不能回到爱的状态。

有一天，我们一家三口参加了幼儿园的一个关于"家庭场域领导力"建设的课程学习，当时的授课老师是郑磊老师。

开始时，孩子表现很好，端正坐好、认真听讲、积极举手发言、充满能量、有创意、有目标、有执行力，是梦想中的好孩子。当课程进行了大概20分钟时，他开始坐不住了，原来是被摄像机吸引了，他跑去和摄像师聊天，并想拿摄像机过来看看是怎么摄像的。没过多久，又被郑老师的PPT屏幕操控笔吸引了，并想拿它玩一下……后来又被气球吸引了，一直在玩气球。半天课下来，他坐在凳子上的时间不超过30分钟。看到别人的孩子都是乖乖的，只有自己的孩子满场走动，没停过，当时我脸上全是尴尬表情！

课间带着困惑去和郑老师交流。郑老师说的一番话点醒了我，也是我以后在教育孩子上的指路明灯。我至今仍深深记得郑老师对我说："你的孩子是一个好奇心非常强的孩子，你一定要好好地保护好他的好奇心，如果他的好奇心发展得好，也许将来在某个领域会探索得很深入。他某些不符合大人规则的行为只是现阶段的行为，这个阶段过去了，他就自然改变了。但是好奇心被抹杀了，就很难找回来了。这种情况下，就很考验你们作为父母的状态了。当外界给你压力的时候，你是否能保持好的状态？是否依然能无条件地相信孩子，支持孩子？同时也要考虑为他创造一些干扰少、束缚少一点的环境。"

经过和郑老师的沟通，我的前后心情状态对比可以用两首歌名来形容：《无地自容》和《走在希望的田野上》。

课程结束后，郑老师过来和我们沟通，我才知道他是国际教练联合会（ICF）的专业教练，在教育这方面颇有心得。我记得郑老师说："你的孩子学东西好快，是一个很有天赋的孩子，你们放轻松，要给他足够的空间成长，不要框住他，只要在他需要你们陪伴的时候多陪他玩就够了。在橙色区域适当养成一些习惯就好了。"（注：橙色区域是郑磊老师课程里的内容，他的场域领导力中的"绿黄蓝橙"四象限内容对于良好家庭关系的创造非常有启发和帮助。）

郑老师的话让我有了最宝贵的收获，他用专业和爱的状态支持我的家庭，让我的心情与状态从"低落谷底"到"绝地反弹"。回顾过往，道听途说了一些育儿理念，不加思索地就用在孩子身上，如一定要严格要求他，夫妻双方必须有一方有时唱红脸，另一方有时唱黑脸；一定要让孩子敬畏父母、老师。当我把这些方法用在自己孩子身上时，双方都遍体鳞伤。正像郑老师所说的："不能说这些观念是错误的，而是要看用在自己孩子的身上是否合适。对于有不同天性的孩子，同一个方法会有不同的结果。"因材施教是大多数人都听过的词，然而又有多少父母、老师真的能做到，包括我，其实一直都是懵的。自从那天上过郑老师的课，我已经开始真正地深刻认识到每个人是不一样的，甲之蜜糖乙之砒霜，一块木材和一颗钻石的雕刻方法必须是不一样的，郑老师那天就是在提醒我对孩子要因材施教。

"无条件地相信孩子"这句话大家也是耳熟能详的，然而又有多少人能做到呢？当老师反映你的孩子在学校违反纪律，或是当孩子早上磨蹭半天出不了门去幼儿园，或是当孩子吃饭时弄得满地都是时，我们还能无条件地爱他、接纳他，相信他本性具足、资源完整吗？还是已经被焦虑、恐惧、愤怒裹挟控制了呢？"无条件地相信孩子"是一项内功，修炼此功，不是孩子优秀了就能习得，而是我们自己要修炼出一颗禅定有爱、小我影响最小的心。正如郑老师所说，单单"无条件地相信孩子"这一条就足够我们修炼几十年。教育就像"滚滚长江，一去不返"，所以要趁早修炼，坚持修炼。

那天和郑老师的沟通，使我对孩子的了解和认识又多了一点。

拿着郑老师给我的指路明灯，在将来的日子里我要百分之百地相信自己，百分之百地相信孩子。让我们比孩子更有耐心、比孩子更自律，共同营造有利于家庭成员持续成长和进步的环境和氛围。

悦 纳

悦纳包含"喜悦"和"包容"两层意思。悦纳是从自己的角度探索对方行为背后的意图。每个学生都是独一无二的，其成长时期不尽相同，因此在教学过程中，如果教师可以喜悦地接纳学生的个性特征、天性表现、调皮犯错……弄清学生调皮、犯错背后的需求和意图，则可以将学生的成长空间变得无穷大，使学生的潜力得以释放，并对激发学生的学习动力和创新产生巨大的推动作用。这对教师来说是非常难修炼的一种状态。

悦纳并不是对学生的错误行为纵容不管，而是要带着悦纳的状态给出学生积极的反馈，帮助学生创建觉察并会自主地改变。"骨感的现实"是当教师看到学生调皮捣乱、不听话时，一般的反应就是有情绪，想发火，而这想发火的背后就是对学生所做事情的不接纳。每个人的身体里都有一张大网，当情绪来的时候有的人的网格比较大，对某些事情的反应就会比较小，很容易做到接纳；而有的人的网格比较小，有一点小事都会挂在网格上，对某些事情的反应就会比较大，很难做到接纳。如果挂在网格上的事件越来越多，则情绪就会越来越大。如果把引发情绪的事件比作铃铛，那这个人走起路来就会发出各种声音，很难有悦纳的状态。值得注意的是，有的人的网格尽管很大，但如果经常性地挂了一些小事而没有及时清理，那么时间一长，原本比较大的网格也会变得越来越小，最后狭窄到成为一个封闭的网格。因此，作为教师，要时常能够观察自己的这个网格，并进行日常维护和清理，保持网格的干净程度。

悦纳就是要充分地给予学生空间，当给予学生足够空间的时候，学生就会被激活，他们就会敢于思考、勇于表达，敢于沟通、勇于提问。教师要相信每个学生都是与众不同的花朵，有的含苞欲放，有的芬芳怒放，有的初绽蓓蕾；有的是大气的牡丹，有的是娇艳的玫瑰，有的是含羞的茉莉，有的是带刺的仙人掌，有的是浓香的百合，有的是幽香的米兰。尊重每个学生的个性和差异，不试图把全班、全校学生培养成"一个人"或是统一成"一个模样"。

接纳相对于接受，是更高一层级的相处关系，有更多的领悟、尊重和允许。了解个体的局限，也了解其决定和选择。在接纳状态里，个体有更多的平和、宽容和慈悲，能放下很多固化的理念和强有力的单方期待，自己所渴望的价值基本能自我满足，而不再刻意地向客体或另一方索取。

从接受到接纳这个过程需要不断练习觉察而习得。从教师的视角，要看到每个学生的差异和不同，也要看到每个学生与教师自己作为个体的不同，就像生命中每个发生都有其正反面一样，它们只是一个事物的不同角度，而非对立关系，正如"阴在阳之背，不在阳之对"的哲理。就像一年四季，有的人喜欢春的娇羞花蕊，有的人中意夏的郁郁葱葱，有的人偏爱秋的果实累累，有的人专宠冬的含蓄隐忍，我们就抛开埋怨去享受每个季节的美即可。

悦纳和自己不一样的事物是非常难做到的，因为人的本能是满足自身需要，当自己的需要未被满足时，人的本能反应是难受、抗拒、逃避。可以说悦纳是一种接近超脱的状态，在这个状态下，任何一个当下都和觉察在一起，对自己、周围的一切都全然充分地尊重、允许和拥抱。和谐共处是一种全然的臣服，既无执着也无挣扎。

如果拥有了悦纳这个状态，是不是就不会再有如愤怒、痛苦、悲伤、无奈的无用情绪了呢？当然不是！这个答案可能让有些人失望。其实不奇怪，我们作为凡夫俗子的人，就有七情六欲和喜怒哀乐，因此尽管我们学习、修行、努力，但那些七情六欲和喜怒哀乐都会和我们如影随形。而当我们在悦纳状态里时，就会更多地带着觉察、感恩和欣赏去和（即使不完美）自己以及周围的一切和谐共处。

状态先于行动，这种悦纳状态的背后还是爱。高尔基说："谁爱孩子，孩子就爱谁，只有爱孩子的人才会教育孩子。"苏霍姆林斯基说："不要扼杀孩子心中想把最珍贵的东西给亲人的意愿；其实，每个孩子都有把最珍贵的东西给父母的意愿。如果你仔细观察小孩子，你就会相信这一点。十分遗憾的是，许多父母因不懂得孩子心中所产生的爱的萌芽，而扼杀了孩子心中这种崇高的激情，这是自愿地拒绝孩子准备为他们做的好事。"很多父母和孩子都如此，何况没有血缘关系的教师与学生呢。

美国哲学家、心理学家威廉·詹姆士说："人类本质中最殷切的需求是渴望被肯定。"如果教师做到允许别人和自己不一样，就做到了包容；做到允许自己和别人不一样，就活出了自我。正所谓："悦人先悦己。"教师如果时刻百分之百地悦纳学生，学生就会带着这样一个爱的礼物幸福成长，成为一个乐观、自信、向上的人。保护学生的自尊心首先得让学生感受到被尊重，他才能更加自信、自立。教师发自内心地尊重每个学生，平等地对待每个学生，理解和信任学生，也许一句不经意的称赞话语、一个微笑、一个亲切的小动作，会温暖学生的心，甚至温暖学生的一生。让每个学生做到像苏霍姆林斯基所说的"在学校里抬起头来走路"。

提高悦纳能力的关键是消除无用情绪对自己的影响，因此要了解情绪的分类和情绪的根源。情绪是一种心理上的感受并且表现在生理上的一种状态。作为人类，人们有很多不同的情绪，有的情绪是对人们有用的，是给人们赋能的，如开心、幸福、喜爱、自豪等。人们在生活和工作中要多去创造、体验和享受这样的有用情绪。有的情绪对人们是没用的，是消耗人们能量的，如失望、悲伤、愤怒、焦虑、怨恨等。当人们陷入这种无用情绪之中的时候就会成为情绪的受害者。

人们面对无用情绪时通常会有两种反应：压抑，或是压抑不住而爆发和崩溃。例如，教师在班级中遇到调皮捣蛋的学生，尤其是当众被学生挑战时，有的教师选择压抑自己的情绪，有的教师忍不住与学生发生冲突，以上两种处理方式都不是提倡的情绪处理方式。

当面临无用情绪时人们能否快速地识别、消解这些无用情绪，并且恰当地进行回应，从而能够理智地面对并优化无用情绪就成为人们终生需要学习的功课。如何有效地识别和处理无用情绪呢？以下先来了解无用情绪产生的两大根源。

第一个是源于人们对他人和事物的期望及对未来不确定性事件习惯性的反应。例如，你希望班上的学生都能够安静地写作业，可总有几个同学安静不下来搞小动作，这时你的无用情绪就会产生了。又如，评职称，你期望在年底能评上副高职称，结果事与愿违。类似这样的人和事会让你产生的无用情绪是如失望、愤怒、心烦、抑郁等。再如，父母半夜突然给你打电话，想象一下你的第一反应，是不是在你的大脑中马上就会有一个"故事"——"完了，家里出事了。"实际上家里不一定真出事了。然而，在学校里这样的习惯性反应会很多，如校长突然叫你到办公室，你们班的一个学生不见了，有个学生放学半小时了还没到家……这些事让你产生的无用情绪是担心、恐惧、焦虑、害怕等。

第二个是源于人们过去经历的一些原始创伤。例如，小时候被欺凌、遭遇亲人离世、车祸和情感伤害等。这些事件带来的无用情绪是悲痛、心碎、自卑等。人们常常受制于过去没有恰当处理的情绪经历，例如在小时候，遭到成年人的斥责和批评，积累了大量负面消极的情绪，导致这些情绪垃圾没有得到完整的消解，或者是过去养成的习性，现在已经不再有力支撑人们的生活目标，甚至形成了障碍，它们隐藏在人们的潜意识中，这些都会慢慢影响着人们的觉察。

如果以上的情绪没有被及时优化，那么有的会在你身体中留下印痕，带给你胃痛、胸闷、喉咙发紧、心跳过速等身体反应，有的则像一团云雾一样包裹着你，让你无法挣脱，感觉非常压抑、难受。当有刺激时，你就会无意识地对这些无用情绪产生反应。那如何才能意识到刺激，有选择性地回应而非习惯地反应呢？这就需要扩大刺激和反应之间的间隔，即自我觉察。

我们最初了解自我觉察的概念是在亚细亚高智Paul Jeong（郑振佑）博士的教练课上，Paul用中心练习来引导教练们回归觉察。因为正常状态下，人脑每秒需要处理很多思绪，会不知不觉陷入思绪和情绪中，影响人们享受当下的生活和工作。中心练习是通过呼吸练习、静心和内观来找回平和的状态。我们的另一位老师汤姆·斯通在他的《精通情绪》一书中也提供了帮助人们唤醒意识的技术，其中一个技术是GAP（Greater Awareness Place）。GAP技术中包含两种方法能连接和扩展自我觉察。方法一是闭上双眼,体会思绪与思绪之间的空隙。因为人脑每分每秒会处理上百个想法,人们的精力会无谓地消耗其中,甚至因困顿而无法挣脱。神经科学研究证明,大脑有不活跃的时期,这对应了思绪与思绪的区间。GAP技术是引导人们把注意力由外及内,从过度困于思绪转到感受内在的觉察上。方法二是闭目感受思绪发生的背景,这个背景有一种空无的和活的状态。不管使用中心练习还是纯粹觉察,都可以飞速准确地甄别无用情绪,随后做相应优化即可。

此外,我们经常会使用一种快速有效处理无用情绪的方法——情绪释放技术(Emotion Freedom Technique,EFT)。

情绪释放技术是美国的盖瑞·奎格(Gary Craig)根据罗杰·卡拉汉(Roger J. Callahan)博士的思维场疗法发展的一项情绪处理技术。这项技术可以在非常短的时间内迅速有效地释放无用情绪,处理心理创伤或困扰。

过去10年,世界各地的心理学界人士对EFT进行了各种不同的科学实验以证实其效用。他们在临床实验中使用EFT,包括脑电波测试等。各个实验结果证实使用EFT后的人体测试均呈好转反应。

美国"9·11"事件发生之后,数以万计的人因EFT技术而在短短数日内获得疗愈。EFT也曾被应用于缓解卢旺达种族屠杀、印尼海啸等各种灾难所带来的伤痛、焦虑、抑郁、恐惧等身心痛苦,上千万人因为这项技术而获益。我们也把EFT这项技术用在教师和学生的培训中。很多教师和学生在使用了EFT之后快速地减少了无用情绪,内心得到了平静。

EFT虽然是西方人发展的一项技术,但它的理论基础是中医的针灸疗法,以及对现代身心交互作用(如运动机能学)的理解。

这项技术非常简单，每个人都可以非常快速地学会并掌握使用的流程。在我们给学校教师和学生培训过程中，他们中的很多人都会分享自己遇到的情绪方面的困扰，通过使用这项技术，他们很快能从情绪困扰中走出来。使用这项技术他们还可以帮助学生以及家人、朋友处理情绪问题。

情绪释放技术的操作流程

对照图3-2所示的位置图，按照以下步骤用指尖轻叩这些特定的位置。

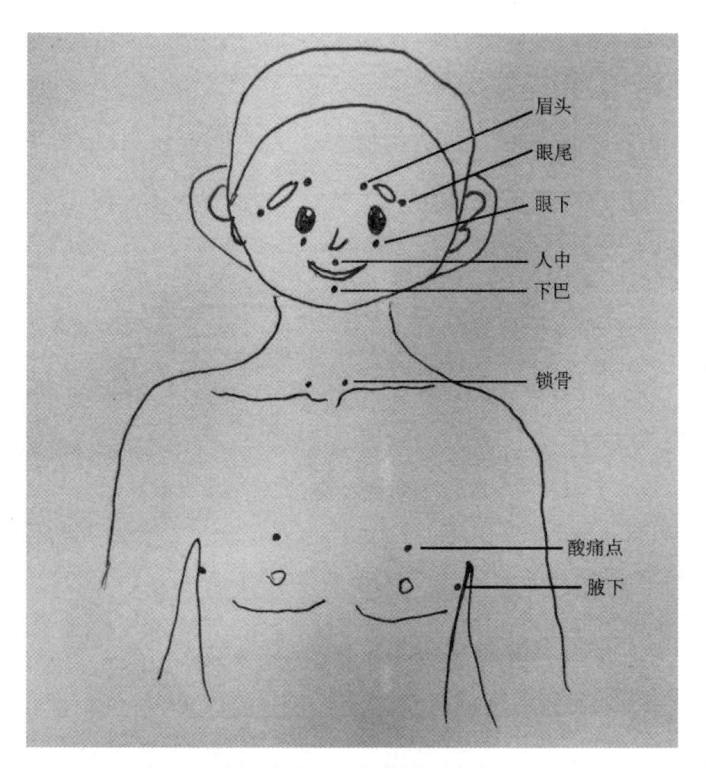

图3-2 位置图

首先针对当下自己的某一个无用情绪（假设对于领导给的任务过重感到压力山大）开始以下步骤。

（1）无用情绪设定

例如，对于领导给的任务过重感到压力山大。

（2）情绪强度等级评估（1~10分）

8分。

（3）敲击图3-2中的酸痛点+说肯定语句

边敲击图3-2中的酸痛点边说出肯定语句："即使我因领导给的任务过重而感到压力山大，但我仍然全然地接纳我自己，爱我自己。"（大声说七遍。）

（4）说"提醒短语"+敲击位置

按照顺序敲击眉头—眼尾—眼下—人中—下巴—锁骨—腋下的位置，边敲击边把注意力放在压力山大的感受上，并大声说七遍："我感到压力山大！"

（5）强度等级再评估（1~10分）

如果你觉得分数降到不会再受这个负能量的干扰时即可以结束，如果分数很高，还有能量残余，就再做一遍直到不再感到有负能量影响为止。

（6）正面导入肯定句

当完全不受负面能量影响时，问一下自己此时有什么感受？假如此时你感到轻松平静。边用手敲击图3-2中的酸痛点边说七遍：

"我现在感到非常地轻松和平静，这种轻松和平静已经成为我的一部分，它会让我更有能量，帮助我成为更好的自己，轻松地战胜工作中的压力。"

（7）说"提醒短语"+正向敲击

按照顺序敲击眉头—眼尾—眼下—人中—下巴—锁骨—腋下的位置，边敲击边把注意力放在轻松的感受上，并大声说七遍："我感到轻松和平静！"

情绪释放技术就是这么简单，简单到甚至令人无法相信，作为专业教练，我们在自己和客户身上使用过无数次，证明都是有效的。即使有再好的技术，如果不亲身体验，那都是没有用的。希望教师们能够使用这项技术帮助自己掌控情绪而不是让情绪掌控自己。即使外界环境或引发情绪的事件没有改变，通过EFT人也可以在平静轻松中获得更多的应对智慧。

案例分享：如何运用情绪释放技术

一名初一学生的手机在课堂上突然响了（忘记关机）。学生被任课教师批评后情绪低落，恰好班主任是教练，学习了情绪释放技术。以下介绍一下这位班主任的做法。

班主任：今天手机突然响的时候，你有什么情绪冒出来？

学生：恐惧，感觉窒息得快要喘不过气来了。

班主任接着问：还有什么呢？

学生：担心、害怕。

班主任：如将这三个情绪从强到弱排个序，你会怎样排？

学生：最强的首先是恐惧，其次是害怕，再次是担心。

班主任：接下来我们对这三个情绪的强弱打个分，10分是最强，1

分是最弱，你给它们的分数是多少？

学生：都是10分。

班主任：那我们先处理哪个情绪呢？

学生说：恐惧。

接下来，班主任跟学生介绍了何为情绪释放技术（EFT）及以下的使用步骤。

第一：找到图3-2中的酸痛点，用两个拇指按住，之后边按边重复我说的话。

第二：认识头部和身体的位置，再跟我一起敲击。

介绍完EFT的使用步骤后，班主任开始跟学生一起做情绪处理。首先班主任让学生按住胸口的位置，让学生边敲击边重复他说的话七遍："即使我感到手机响的时候我非常地恐惧，但我仍然100%无条件地接纳我自己，爱我自己。"然后开始按照顺序敲击眉头—眼尾—眼下—人中—下巴—锁骨—腋下的位置，边敲击边让学生把注意力放在恐惧的感受上，并大声说："我感到恐惧！"

班主任看到学生说话的时候眼泪都流了下来。结束以后班主任问学生对于恐惧这个情绪现在可以打几分。学生说："0"分。班主任又问："那对于害怕和担心可以打几分。"学生说："也是0分"。班主任接着说："那你现在有什么感受？"学生说："我很轻松、平静"。接下来班主任让学生继续按住图3-2中的两个酸痛点边敲击边说："我现在感到非常轻松和平静，这种轻松和平静已经成为我的一部分了，它会带给我力量，让我更好地面对我的学习和生活，帮助我成为更好的自己。"之后再让学生按照眉头—眼尾—眼下—人中—下巴—锁骨—腋下的顺序分别敲打位置，边敲打边把注意力放在轻松、平静的感受上,并大声地说:"我感到轻松和平静。"

全部做完以后,班主任让学生再回忆一下手机突然响起时的画面,并问学生:"想到那个场景有什么感受?"学生说:"没有不好的感受了。"班主任给了学生一个拥抱,告诉学生:"你做得很好,如果以后再有什么不好的情绪时,可以尝试自己按照情绪释放技术(EFT)的使用步骤做一下。"学生说:"可以的,谢谢老师。"

激 发

每个人来到这个世界上都会发挥自己独特的作用,教师要和学生一起探索和发现他们的志向。找到学生的志向所在就能更好地激发学生的潜力,帮助学生成为真正的自己,实现他们的梦想。马卡连柯曾说:"培养人就是培养他对前途的希望。"无论在小学,还是初高中和大学,只要教师们带着激发的状态,就可以在学习中的点点滴滴中帮助学生们发现他们的志向。

叶圣陶说:"教师之为教,不在全盘授予,而在相机诱导。"我们发现学生们特别喜欢跟有激发状态的教师交流沟通,每次沟通完他们都会能量满满,被激发和被点燃。苏霍姆林斯基说:"教育不是长辈的断然命令和晚辈的恭顺服从,而是长辈和晚辈参与其中的紧张和复杂的共同精神活动,是一场精神的对话。对教育来说重要的是用志向鼓舞人——在我们艰难的事业中,一个最棘手、最难以琢磨的工作,就是用志向鼓舞人……志向是与对自己的约束、给自己的承诺、对自己提出的要求相联系的。"

一般传统型教师会问学生不知道的东西,这样教师就可以直接给予答案,从而显示教师的优越性。爱因斯坦觉得"大多数教师都是通过提问来发现学生不知道的东西的，这其实是在浪费大家的时间，真正的提问艺术是发现学生所知道的或能够知道的东西"。真正会激发的教师，会"挑战"表面上学生知道的问题，激发学生深层次的思考，挖掘更深层次的知识、信息、创意等，以引发学生进一步探索的兴趣。卢梭说："问题不在于教他各种学问，而在于培养他爱好学问的兴趣，而且在这种兴趣充分增长起来的时候，教他研究学问的方法。"

教师让学生懂得每个人的基础和天性及能力可能会不一样，但只要不放弃自己的目标和追求，从自己的起点出发坚持不放松，那样即使暂时比别人稍微落后一些，只要精神和信念在，就终究会实现目标。就像建造一座房子，不同砖虽然尺寸大小不一，形状各式各样，但每块砖都有自己合适的位置，都有发挥自己价值的时刻。

教育的全部诀窍就在于抓住学生的上进心，即道德上的自勉。要是学生自己不求上进，不知自勉，任何教育者就都不能在他的身上培养出好的品质。只有在教师首先看到学生优点的那些地方，学生才会产生上进心。这种上进心需要教师通过智慧去激发并保护。正如第斯多惠认为的"教学的艺术不在于传授本领，而在善于激励、唤醒和鼓舞。一个不好的教师奉送真理，一个好的教师则教人发现真理"。

如何激发学生潜力，找到学生的热情进而帮助学生成为更好的自己呢？我们在多年的实践过程中发现通过应用迈尔斯–布里格斯个性分析指标（Myers-Briggs Type Indicator，MBTI），可以帮助教师更好地自我认知、自我激发。教师通过自我应用就会清晰如何将MBTI应用在学生身上，帮助学生开发潜力、激发梦想，成为更好的自己。

MBTI源于荣格的心理类型理论。该理论首次出现在1913年的国际精神分析大会上。荣格在该次会议上提出个性的两种态度类型：内倾和外倾。1921年，他在《心理类型学》一书中又做了详细的阐述，并提出了四种功能类型：理性功能的相互对立的两种类型——思维功能与情感功能，和非理性功能的相互对立的两种类型——感觉功能和直觉功能。之后，荣格将两种态度类型和四种功能类型组合起来，形成了八种个性类型：外倾思维型、外倾情感型、外倾直觉型、外倾感觉型、内倾思维型、内倾情感型、内倾直觉型、内倾感觉型。

在荣格的理论基础上，美国心理学家布里格斯和她的女儿迈尔斯在两种态度类型和四种功能类型的基础上，又增加了判断和知觉两种类型，由此组成了个性的四维八极特征，它们彼此结合就构成了16种个性类型。MBTI既是一种能量测试工具，也是一种人格理论测试。

MBTI理论认为，一个人的个性可以从四个维度进行分析，具体的字母指代如下。

获取能量维度：外倾E——内倾I。

接收信息维度：感觉S——直觉N。

做决策的维度：思维T——情感F。

生活方式维度：判断J——知觉P。

通过图3-3所示的测试，可以从每个维度选择一个字母，最终产生四个字母，如每个维度都选第一个字母，测评结果就是ESTJ。因此，不同字母的结合就会出现16种不同的个性类型，而不同的个性类型对应不同的职业倾向。以下就开始通过测评来了解你的个性类型。

测评前提示

①请你逐行阅读图3-3中的每道题（答案没有对和错），只需根据自己的实际情况打分即可。

②分数的区间是 1~5 分：5分 很像我，4分 有点像我，3分 50%像

我，2分 不太像我，1分 根本不像我。

③把你的分数写在标注出明显灰色的方格里：如感觉第一题的描述很像我，就在灰色方格里写上数字 5；第二道题的描述一半是对的，那就在灰色方格里写上数字 3，以此类推，每个问题只能有一个对应的分数。(特别提醒：对于所有标注的分数每一行均只填写在灰色的方格里。)

④完成全部的答题后，从上至下横列按照 E/I/S/N/T/F/J/P 把各纵列的分数加在一起。

⑤请你找出 E/I 中哪个字母分数最高，S/N 中哪个字母分数最高，T/F 中哪个字母分数最高，J/P 哪个字母分数最高。

针对每项陈述给自己评分								
5分 很像我，4分 有点像我，3分 50%像我，2分 不太像我，1分 根本不像我								
	E	I	S	N	T	F	J	P
让我更感兴趣的是人而不是观点或感受	■							
我喜欢处理事实和细节			■					
我喜欢对事物有清晰的逻辑					■			
我喜欢按照日程做事							■	
人们很难接近我		■						
我倾向于透过现象看本质				■				
随心而为胜过用智力做决定						■		
我喜欢生活中频繁的改变								■
与别人相处能给我能量	■							
我是一个现实主义者			■					
我觉得我是客观的					■			

图3-3　MBTI测试

陈述	1	2	3	4	5	6	7	8
我喜欢仔细做计划							■	
我是一个很深刻的人		■						
有人说我不切实际				■				
我对"谁"而不是"为什么"更感兴趣						■		
我充满好奇								■
我喜欢和别人互动	■							
我喜欢活在当下			■					
我一直根据原则做决定					■			
我很果断							■	
我喜欢反思生活		■						
我很理想化				■				
劝说永远比强迫好						■		
我喜欢惊喜								■
我有很多朋友和熟人	■							
我是一个务实的人			■					
有时候人们需要强硬					■			
我总是很准时							■	
我有几个好朋友就够了		■						
我倾向于展望未来				■				
我为保持人与人之间的和谐关系而努力						■		
我喜欢新奇和多样性								■
我是一个社交型的人	■							
我倾向于具体的、一板一眼的方式			■					
我喜欢分析为什么会发生这些事情					■			
坚持到底对我来说很重要							■	
与人相处让我筋疲力尽		■						

图3-3 MBTI测试（续）

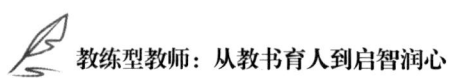

	E	I	S	N	T	F	J	P
激发对我而言很重要				■				
我总是很同情别人						■		
我的生活态度比较悠闲								■
有人会说我有点肤浅	■							
我脚踏实地			■					
正义比怜悯更重要					■			
我很整洁							■	
我喜欢独处		■						
我经常跟着直觉走				■				
我更喜欢感受而不是逻辑						■		
我非常灵活								■
别人很容易接近我	■							
我倾向于以貌取人			■					
我认为人们不动脑筋					■			
我喜欢控制							■	
我更喜欢想法和感受		■						
我喜欢大画面				■				
有同情心是我最高的理想						■		
我是个积极主动的人								■
	E	I	S	N	T	F	J	P
总分								
在E和I、S和N、T和F、J和P四对中分别选择每对中分值高的一个字母填写在右侧对应的字母位置，如E、S、T、P分别是每对中的高分，则填写方式如右侧所示，并可在图3-4中查看对应的职业倾向	E		S		T			P

图3-3　MBTI测试（续）

第3章 教练型教师的四种卓越状态

我们在给学校做项目的过程中发现很多初中、高中和大学都会使用MBTI帮助学生规划职业生涯、匹配专业或了解适合的工作类型。图3-4介绍了经MBTI测试所得类型所对应的职业倾向。

INFJ 特殊教育教师 • **建筑设计师** • **培训经理/培训师** • 职业策划咨询顾问 • **心理咨询师** • 网站编辑 • **作家** • 仲裁人	ISFJ 内科医生 • 营养师 • **图书/档案管理员** • 室内装潢设计师 • **客户服务专员** • 记账员 • 特殊教育教师 • 酒店管理	INTJ 首席财政执行官 • **知识产权律师** • 设计工程师 • 精神分析师 • 心脏病专家 • **媒体策划** • **网络管理员** • 建筑师	ISTJ 首席信息系统执行官 • 天文学家 • 数据库管理 • 会计 • 房地产经纪人 • 侦探 • **行政管理** • 信用分析师
INFP 心理学家 • 人力资源管理 • **翻译** • 大学教师（人文学科） • 社会工作者 • **图书管理员** • 服装设计师 • **编辑/网站设计师**	ISFP 室内装潢设计师 • **按摩师** • **客户服务专员** • 服装设计师 • 厨师 • 护士 • 牙医 • 旅游管理	INTP 软件设计师 • 风险投资家 • **法律仲裁人** • **金融分析师** • 大学教师（经济学） • 音乐家 • **知识产权律师** • 网站设计师	ISTP 信息服务业经理 • **计算机程序员** • 警官 • **软件开发员** • **律师助理** • 消防员 • 私人侦探 • 药剂师
ENFP 广告客户管理 • **管理咨询顾问** • 演员 • **平面设计师** • 艺术指导 • **公司团队培训师** • **心理学家** • **人力资源管理**	ESFP 幼教老师 • 公关专员 • **职业策划咨询师** • **旅游管理/导游** • 促销员 • 演员 • 海洋生物学家 • 销售	ENTP 企业家 • 投资银行家 • **广告创意总监** • **市场管理咨询顾问** • 文案 • **广播/电视主持人** • 演员 • 大学校长	ESTP 企业家 • 股票经纪人 • 保险经纪人 • 土木工程师 • **旅游管理** • 职业运动员/教练 • 电子游戏开发员
ENFJ 广告客户管理 • **杂志编辑** • **公司培训师** • **电视制片人** • **市场专员** • **作家** • 社会工作者 • 人力资源管理	ESFJ 房地产经纪人 • 零售商 • 护士 • 理货员/采购 • **按摩师** • 运动教练 • 饮食业管理 • **旅游管理**	ENTJ 公司首席执行官 • **管理咨询顾问** • 政治家 • 房产开发商 • **教育咨询顾问** • 投资顾问 • 法官	ESTJ 公司首席执行官 • 军官 • **预算分析师** • 药剂师 • 房地产经纪人 • 保险经纪人 • **教师（贸易/工商类）** • 物业管理

图3-4 经MBTI测试所得类型所对应的职业倾向

关于MBTI的职业倾向的解读不是本书介绍的重点，教师们可以通过其他渠道了解和学习关于解读的资料。本书的重点会放到能量偏好的解读上，因为这部分内容可以帮助教师们更深度地了解自己、了解学生，从而做到有针对性地激发赋能。

为了让教师们更好地了解能量偏好含义，我们把能量偏好命名为"自身能量运行系统"，这个系统通过四个字母排序的方式可以很好地帮助教师发现做什么能激发自己的能量，做什么会消耗自己的能量。四个字母的排序就好比开汽车踩油门的过程，排第一位的就是一脚油门踩到底，加速急驰，动力满满；排第二到第四位的就是抬脚收油的过程，动力会逐渐依次减弱，排第四位的字母是盲区也是动力最弱的地方。可以通过下文中职业偏好排序与能量偏好排序对照表来找到自己的能量偏好系统排序。

在找自己的能量偏好之前需先了解FNST这四个字母的含义，如图3-5所示。

F
在工作中要感受到鼓舞
心中有崇高的理想
注重开心愉悦的体验
总是希望能够帮助到他人
同理心强可以敏锐觉察他人情绪
爱好、兴趣广泛

N
有愿景有蓝图
能够看到全局
关注理念、内涵、未来的可能性
喜欢独一无二的、原创的
做事果断，喜欢挑战和超越
说话写作喜欢概括性抽象的语言

S
看重事实、细节、数据
要有充分的时间和确定性
有足够的资源支持
注重现实，证明可行性
尊重经验确保持续性、稳定性
关注方法、工具、步骤

T
要足够清晰，追求安全确定
喜欢挑战和质疑，注重逻辑和原则
善于发现缺陷和不足
经得住客观、批判性地思考
综合分析后才会觉得靠谱
崇尚客观、公平、公正

图3-5　FNST四个字母的含义

以下是职业偏好排序与能量偏好排序的对照列表，可通过对照表找到自己的能量系统排序，并把排第一位和第四位的字母记录下来，之后会介绍关于这两个字母不同排序的详细解读。

ISTJ型能量运行系统排序

1. S感觉　　　　2. T思维　　　　3. F情感　　　　4. N直觉

ISFJ型能量运行系统排序

1. S感觉　　　　2. F情感　　　　3. T思维　　　　4. N直觉

INFJ型能量运行系统排序

1. N直觉　　　　2. F情感　　　　3. T思维　　　　4. S感觉

INTJ型能量运行系统排序

1. N直觉　　　　2. T思维　　　　3. F情感　　　　4. S感觉

ISTP型能量运行系统排序

1. T思维　　　　2. S感觉　　　　3. N直觉　　　　4. F情感

ISFP型能量运行系统排序

1. F情感　　　　2. S感觉　　　　3. N直觉　　　　4. T思维

INFP型能量运行系统排序

1. F情感　　　　2. N直觉　　　　3. S感觉　　　　4. T思维

INTP型能量运行系统排序

1. T思维　　　　2. N直觉　　　　3. S感觉　　　　4. F情感

ESTP型能量运行系统排序

1. S感觉　　　　2. T思维　　　　3. F情感　　　　4. N直觉

ESFP型能量运行系统排序

1. S感觉　　　　2. F情感　　　　3. T思维　　　　4. N直觉

ENFP型能量运行系统排序

1. N直觉　　　　2. F情感　　　　3. T思维　　　　4. S感觉

ENTP型能量运行系统排序

1. N直觉　　　　2. T思维　　　　3. F情感　　　　4. S感觉

ESTJ型能量运行系统排序

1. T思维　　　　2. S感觉　　　　3. N直觉　　　　4. F情感

ESFJ型能量运行系统排序

1. F情感　　　　2. S感觉　　　　3. N直觉　　　　4. T思维

ENFJ型能量运行系统排序

1. F情感　　　2. N直觉　　　3. S感觉　　　4. T思维

ENTJ型能量运行系统排序

1. T思维　　　2. N直觉　　　3. S感觉　　　4. F情感

解读：

S排第一位，N排第四位（ISTJ、ISFJ、ESTP、ESFP）

- 能量激发：因为S排第一位，所以这种类型的人需要一些稳定、现实、有连接、充分的资源支持；通过独立思考、理性分析后觉得可以给自己带来好的感觉的事会让这种类型的人能量满满。

- 能量消耗：因为N排在最后一位，所以对于一些天马行空的想法，以及没有事实、数据、资源做支持就要结果的事情会消耗这种类型的人的能量。

- 提醒：因为S排第一位，所以对于这种类型的教师会特别喜欢班级稳定、踏实、有耐心、善于独立思考和理性分析的学生。而对于第一排序为N的学生，他们不守规则、粗心大意、争强好胜等行为会触发这类教师的情绪。教师要觉察学生的能量系统与自己的差异，要及时调整情绪并找到激发学生的策略，以能更有针对性地赋能学生。

N排第一位，S排第四位（INFJ、INTJ、ENFP、ENTP）

- 能量激发：因为N排第一位，所以在一些有长远规划、能干出特色、有愿景有蓝图、自由度较高、能够在未来看到希望的事情上花时间会让这种类型的人能量满满。

- 能量消耗：因为S排在最后一位，所以做一些需要不断重复、速度很慢，并且自由度灵活度不高、要关注到各种细枝末节的事情会消耗这种类型的人的能量。

- 提醒：因为N排第一位，所以这种类型的教师会特别喜欢做事果断、敢于突破创新、总有新想法、有梦想、有远见的学生。而对于第一排序为S的学生，他们做事不够高效、在课堂上不能马上表达自己的想法等行为会触发这类教师的情绪。教师觉察学生的能量系统与自己的差异，要及时调整情绪并找到激发学生的策略，以能更有针对性地赋能学生。

F排第一位，T排第四位（ISFP、INFP、ESFJ、ENFJ）

- 能量激发：因为F排第一位，所以做一些能带来活力和热情，不枯燥、不沉闷、有温度、有意义、有使命、有崇高理想的事会让这种类型的人能量满满。

- 能量消耗：因为T排在最后一位，所以做一些需要仔细分析、认真梳理、严格计划等跟数据、表格、流程、理财等相关的事情会消耗这种类型的人的能量。

- 提醒：因为F排第一位，所以这种类型的教师会特别喜欢乐于助人、有爱心、有活力、积极向上、开朗乐观、动手能力强的学生。而对于第一排序为T的学生，他们钻牛角尖、挑毛病、经常质疑的行为会触发这类教师的情绪。教师要觉察学生的能量系统与自身的差异，要及时调整情绪并找到激发学生的策略，以能更有针对性地赋能学生。

T排第一位，F排第四位（ISTP、INTP、ESTJ、ENTJ）

- 能量激发：因为T排第一位，所以做一些具有清晰的流程、明确的计划，以及既关注目标又关注过程和结果，在过程中能够充分发挥逻辑思维和系统的问题解决能力的事会让这种类型的人能量满满。

- 能量消耗：因为F排在最后一位，所以做一些与人际相关，需要关注感受、氛围营造、搞关系等的事情会消耗这种类型的人的能量。

- 提醒：因为T排第一位，所以这种类型的教师会特别喜欢做事认真、有计划、遵守纪律、学习习惯良好、爱提问、逻辑思维能力强的学生。而对于第一排序为F的学生，他们虎头蛇尾、三分钟热度、经常忘事、过于活跃等行为会触发这类教师的情绪。教师要觉察学生的能量系统与自身的差异，要及时调整情绪并找到激发学生的策略，以能更有针对性地赋能学生。

如何用一句话打动对方？

对T（逻辑）排第一位的人要说：事情是如何一步一步，从开始到结束，逻辑合理、程序合理地发生的。

对F（感受）排第一位的人要说：赞美、肯定、爱、关系和谐等内容。

对N（愿景）排第一位的人要说：这件事对你将产生_____积极、正面的影响。

对S（细节）排第一位的人要说：详细解释、方法、步骤、工具等。

如果你遇上一个把N排第一位的人，那么他在听你说话时，脑子里面会一直在搜索你所讲的内容会带来的各种结果和可能性的信息。如果你一开始就告诉他结果，他就愿意继续听下去。

如果你遇上一个把T排第一位的人，那么他在听你说话时，脑子里面会一直在搜索各种信息之间的逻辑关系。如果你说话没逻辑，条理不清晰，他就会关闭"大脑"，不听你说话。

如果你遇上一个把S排第一位的人，那么他在听你说话时，会一直想听更多的细节。如果没有细节，他就会大脑一片空白。

如果你遇上一个把F排第一位的人，那么他在听你说话时，就喜欢听到关于感受的词语，看到丰富的面部表情，并且希望感受到开心、和谐的气氛。如果没有这些，只有数据、事实、逻辑，那他们会很失望。

当我们充分地了解了自身的能量系统排序后，我们就能很好地自我激发，同时还可以运用这个工具测出学生的能量系统排序，以便更有针对性地激发和赋能，助力学生扬长避短，并且开发学生的潜力，帮助学生找到他们的"油门"，向着他们的目标和理想开足马力地全速、自主地前行。

觉 察

哈佛大学教授戈尔曼博士的研究表明："90%的领导者的成功取决于情绪智力，情绪智力中推动人们行为转变的关键因素是自我觉察，而自我觉察取决于人们的'内在情绪'的改变。"好的教师一定是自我觉察的高手，即使不与他交流，你也可以感受到他内在情绪的平静。

有一次，陶行知先生在校园里看到一名男生正想用砖头砸另一名同学。陶行知及时制止这名男生，同时令他去自己的办公室。在向其他人了解情况后，他回到办公室，发现那名男生正在等他，便掏出第一颗糖递给他："这是奖励你的，因为你很准时，比我先到了。"接着又掏出第二颗糖："这也是奖励你的，我不让你打人，你立刻就住手，说明你很尊重我。"该男生半信半疑地接过糖。陶行知又掏出第三颗糖："据了解，你想打同学是因为他欺负女生，说明你有正义感。"这时那名男生已经泣不成声了，说："校长，我错了。不管怎么说，我用砖头打人都是不对的。"

陶校长这时掏出第四颗糖："你已经认错了，我们的谈话也结束了。"

通过陶行知校长这四块糖的故事，可以看到陶校长没有用任何说教斥责学生，而是在平静的情绪状态下，转变对方的心理状态，引发他的觉察反思。拥有平静的内在情绪，时刻保持自我觉察是一种卓越状态，也是成为教练型教师必须修炼的基本功。带着觉察尽可能深入地了解每个学生的内心世界，是每位教师和校长的金科玉律。

如何保持持续地觉察呢？邀请你回到现实工作场景中，认真思考一下，有多少时候作为教师我们是运用自己的优势、价值观、偏好在要求学生和我们保持一致的。例如，当我们自己做事特别高效的时候，我们就会不由自主地要求学生做事也要高效；如果我们做事认真严谨，就会不经意间流露出要求学生具备认真严谨这一特性。尤其是有些教出了很多优秀学生的、教学经验丰富的教师，他们会把一些对于某些学生非常有效的经验方法用在其他学生身上。当教师这样做的时候，往往会忽略不同学生的不同特征，尤其是对那些与自己的价值观、偏好不同的学生们。这也就是为什么有的教师会说"很难做到因材施教"。根据注意力和能量关系原理，注意力在哪里能量就会流向哪里。在这里我们想把苏格拉底的这句名言送给每位教师："每个人身上都有太阳，主要是如何让他发光。"教育就是把人的内心"勾引"出来的工具和方法。

以下介绍一个保持觉察的工具——觉察日记（见图3-6），帮助教师经常反思和觉察。

1. 简单描述你与一位学生发生的冲突
（例如：上课不注意听讲，影响其他同学。）
2. 描述你对这个学生的期望是什么
（例如：我希望他上课认真听讲，不影响其他同学。）
3. 写下至少5个理由说明你为什么有这样的期望
（例如：专注才能学好、纪律很重要。）
4. 把你写的5个理由（可以更多）转换成以下句式
（例如：我认为专注才能学好，我认为班级纪律很重要。）
5. 平静下来，想一想和你发生冲突的学生身上有什么优点呢，并写出5个（可以更多）该学生的优点
6. 探寻一下你和该学生之间有什么不同，针对你的偏好和优点，以及该学生的优点，接下来你准备如何与他沟通呢

图3-6 觉察日记

案例分享：如何使用"觉察日记"

在我们的教练型教师的课上有一位教师，用积分制管理班级，只要学生犯了一点错误就给他扣分。这体现了他是一位注重规则，做事严谨的教师。虽然这位教师选用的这种方式本身并没有错，他就是想通过制定规则来培养学生的好习惯，但是对于有的学生来说很难体会到他的良苦用心，只是看到条条框框的冷酷无情。他的这种方式，不仅没有达到预期效果，还让很多学生产生对抗，对他产生反感之情。

当在教练型教师课程上学习了"觉察日记"工具后，这位教师抱着试试看的心情坚持写了一年"觉察日记"，他慢慢觉察到：他对学生的那些要求其实源自他自己内在的偏好和优秀品质，并不是所有学生都要像他一样。当他把自己的那些偏好和优秀品质都强加给学生时，实际上是忽略了学生身上独特的偏好和优秀品质，这些偏好和品质也许恰好和他是有差异的。当觉察到这些时，他意识到并相信每个学生都是独一无二的。于是，他改变了自己的管理方式，开始悦纳不同学生的不同点，更重要的是把注意力放到如何激发学生的闪光点上，从此班级的氛围变得非常开放、积极、充满正能量。

以上这个案例不仅体现了"觉察日记"这个工具的力量，还验证了"相信相信的力量"的观点。

有人因为看见而相信，有人因为相信而看见，你怎么看这个观点呢？

第4章

教练型教师的八项积极行为

真诚欣赏　尊重鼓舞

泰戈尔说："教育的目的应当是向人传送生命的气息。"教育之"育"应该从尊重生命开始，使人性向善，使人胸襟开阔，使人唤起自身身上美好的"善根"，也就是让学生拥有美丽心境。

南怀瑾先生提倡要尊重学生的爱好。试想一下，让一个喜欢文学的人拼命去学数学，那是强人所难。有的学生小时候很爱拆东西，做父母的可能会责备他破坏东西，而在教育家看来，这个学生可能会是机械天才，应该在这方面支持培养他。世界上没有任何两片叶子的纹理是完全相同的，正如世界上没有两个人的指纹是相同的一样，每个人都是独立存在的个体，没有完全相同的长相，更没有完全相同的思维。

每个学生都有其独特的人格和自尊，教师应该看到每个学生的特点，发现他们的长处，同时不断反省自身的行为和态度，不要因为自身的局限性对学生造成心灵上的伤害。言语的伤害远大于肉体的伤害，就像钉子钉在墙上，即使后来拔出了钉子，钉子在墙上留下的印痕也无法消除，就算后期用水泥塞满洞眼、用油漆涂在表面，那个痕迹还是会存在的。

卡耐基说："在你每天的生活之旅中，别忘了为人间留下一点赞美的温馨，这个友谊的小火花会燃烧友谊的火焰。"真诚的赞美犹如阳光，沁人心脾，给人温暖。教师用欣赏的眼光看到学生的闪光点，不但是对学生的一种赞美，也可以给自己一个好心情。

苏霍姆林斯基说："心灵既是指教师的心灵，也是指学生的心灵。所谓教育就是心灵对心灵的感受，心灵对心灵的理解，心灵对心灵的耕耘，心灵对心灵的创造。"真正的教育是触动灵魂的教育。如果教育失去这个灵魂，那教师就失去了灵魂唤醒的能力，学生失去了灵魂肃清的能力。这对于教师和学生都是一种损失。"真诚欣赏、尊重鼓舞"更多的是唤醒不是打压，是引领不是强制，以最终实行回归本性的教育、返璞归真的教育。尊重并相信每个学生都是完整的、资源具足的，能拥有他想要的一切资源解决所面临的一切问题。欣赏者心中有朝霞、露珠和常年盛开的花朵，漠视者会冰结心城，让四海枯竭、丛山荒芜。

包容同理　给予空间

瑞典儿童文学作家林格伦认为："儿童需要管教和指导，这是真的。但是如果他们无时无刻和时时处处都在管教和指导之下，是不大可能学会自制和自我指导的。"

因此，教师在教育学生时，要掌握尺度，既不是以隐蔽或明显的权威者角色操纵学生，也不是完全不闻不问，而是在一种平等分享的氛围中共创以达到教学相长。教师对待学生要一视同仁、公平公正，评价学生要中正客观，切记不要走极端地对自己喜欢的学生全盘肯定，或是对自己不喜欢的学生全盘否定。每个决心献身教育的人，应当容忍学生的缺点。

无论学生是开朗的还是内向的，是聪明的还是愚钝的，是会说话的还是笨嘴拙舌的，都要用相应的欣赏的目光和反馈的技巧，给予相应的鼓励和成长空间，让班级和校园真的是"一个世界，多种声音"，"一花一菩提，一叶一世界"。

陶行知说："培养教育人和种花木一样，首先要认识花木的特点，区别不同情况给以施肥、浇水和培养教育，这叫'因材施教'。"现在的学生个性迥异，思想复杂，对于一时犯错误的学生，教师不能高高在上地批评或是居高临下地打压，不要单纯地以权威去迫使学生服从，而是要具体情况具体分析，因势利导，这样才能达到想要的效果。有时宽容起到的震撼作用比惩罚更强烈。如果教师能蹲下身，感同身受地体会学生的所想，切身体会学生的所急，才能更多地包容学生。教师应当考虑学生的天性差异，并且促进独特的发展，不能也不应使一切人都成为一模一样的人，并教给他们一模一样的东西。不要试图改变学生，相信世界会因为每个学生的独特而运转得更好。

案例分享：如何包容同理、给予空间

作为一名初二的教师，赵老师发现她班上的一个女生最近闷闷不乐，一了解才知道是因为在最近一次班级考试中她从一直的前五名落后到了第十名。对此，学习过教练技术的赵老师是这样和学生沟通的。

赵老师：我发现你最近闷闷不乐，是发生什么事情了吗？

女生：老师，我这次的考试成绩不理想。

赵老师：哦，你心目中理想的成绩是什么样？

女生：班级前五名。

赵老师：听起来你的目标是前五名，而且这个目标对你很重要。那可不可以告诉老师，为什么这个目标对你很重要呢？

女生：这样别人就会看我不一样。

赵老师：如何不一样？

女生：会觉得我厉害。

赵老师：哦，觉得你厉害之后呢？

女生：会尊重我。

赵老师：然后呢？

女生：没了。

赵老师：听起来你很看重别人对你的尊重，是这样吗？

女生：对呀。

赵老师：受到别人尊重和不受别人尊重，你觉得对于你有哪些不同呢？

女生：（思考中）别人尊重我，我就有信心；别人不尊重我，我就不自信。

赵老师：有信心的你和不自信的你，你喜欢哪个呢？

女生：当然是第一个。

赵老师：那你有自信的时候是什么样？

女生：做任何事情都不怕，感觉充满了力量，能做得很好！

赵老师：如果现在你就是一个充满了力量，凡事都能做得很好的人，那么这样的你会怎样看待这次成绩呢？

女生：我会去想什么原因造成这次落后，在找到原因之后，查缺补漏，如语文阅读理解扣分多，物理判断题扣分多，对此我要重点去突破，争取在下次考试中赶上来。

赵老师：现在再回头看考试成绩和别人是否尊重你的问题，你有什么想法？

女生：成绩不代表全部，尊重是自己给的。其实，我是足够自信、足够好的。

望着女生轻松离开的背影，赵老师也轻松地笑了。

在上面这个案例中，教师不仅了解了学生闷闷不乐的直接原因，而且在探索了深层原因之后，帮助学生探索"她是谁"这个本质问题而不是停留在如何解决"从第十名回到前五名"的表面问题上。教师通过给予学生足够空间，使得她自己觉察到"当自己足够自信时，他人是否关注自己已经变得不重要"。同时，对于如何提高学习成绩，这位学生也有了自己的想法。

好奇探索　启迪梦想

好奇心是打开世界之门的钥匙，是通向知识世界的桥梁。拥有了强烈的好奇心，我们才会感受到世界的魅力，才能过得生趣盎然。

300多年前，牛顿坐在一棵苹果树下，被一个从树上掉落的苹果砸到了脑袋。牛顿对此产生了强烈的好奇：为什么苹果熟透了掉落的时候，只往地面上落，而不会往天上或别的方向落？

虽然这个世界上有很多人看见过苹果从树上落下来了，但是只有拥有强烈的好奇心的牛顿被吸引了，并发现了万有引力定律。

鲁迅说："要保护学生的怀疑精神。"其实，人生来就是天性好奇的，如当刚出生的孩子睁开眼睛后，就开始探索世界了；当孩子可以爬动时，就开始好奇地触碰周围的物件了；当孩子开始可以说话时，就开始有无数的问题了……

在我（忻春）儿子两岁左右时，因为工作原因我经常需要晚上和美国的同事开越洋会议。虽然开会的时间一般正是他睡觉的时间但是当他听我说他听不懂的一种语言时就会很好奇，会经常像小猫似的躺在我身边听我讲电话。有时会在电话结束后问我："妈妈，这个单词什么意思？那个单词什么意思？"有一次，我说了个单词triangle，他问我什么意思，我说是三角的意思，他不解地说："人只有两只脚，怎么会是三只脚呢？"我一愣，随即笑喷了，然后和他解释此"三角"非彼"两脚"。类似这样好玩的故事还有很多很多。

在他五六岁的时候，他和我说他的梦想是"长大开夜班车"。说真的当时我差点没急得跳起来，心里想：儿子啊，你妈我好歹也是个双硕士，留过学，在那么多世界500强公司任过职，你好歹也想个比较体面的梦想，为什么是夜班车司机？但转念一想自己是学过教练的人，怎么能有这样的想法（践行教练的人还是会有"小我"不时地蹦出来捣乱）。于是我很快调整状态，努力用尽量平和的语调和他说："可以和我说说你为什么有这个梦想吗？"

他奶声奶气地说：晚上出门的人要坐车，我想送他们。

我：为什么你要送他们？

儿子：这样他们可以去到想去的地方，我很开心。（儿子的感受）

我：为什么这会让你开心？

儿子：帮到他们所以开心。（儿子的感受背后的意图）

儿子：妈妈，你到时候能送我去上班吗？

我：为什么？

儿子：因为我那么小，上夜班会害怕。（我听后乐喷了）

我：你既然害怕为什么还要做这个工作呢？

儿子：因为那些坐车的人需要啊。

听完我明白了，其实儿子对工作的理解并没有高低贵贱之分，他只是单纯地觉得"帮到他人就开心"。

至此，我知道了这是儿子的意图，对他的卓越性也更加了解。后来，我发现只要是对他人有帮助的事情都会令他很有激情。例如，每次教师要求家长打印第二天课上用的学习材料时，他都会要我打印两份，他说因为怕有同学忘记打印，课上没有会耽误学习；每次看到乞丐，他都要放些钱……只是在他长大后，他的梦想就变了。当然如果他还是坚持原来的梦想我也会支持的，因为我知道这和他的善良、助人达己的卓越性有关。

思想是根基，理想是嫩绿的芽胚，在这上面生长出人类的思想、活动、行为、热情、激情的大树。我（忻春）很庆幸之前没有打击儿子最初的梦想，而是探索了他的梦想背后的意图，才在后来可以更好地支持他。

要想学生好学，必须教师好学。唯有学而不厌的教师才能教出学而不厌的学生。根据此，对于如何保持学生的好奇心，以下有三个小建议。

- 言传身教。

教师首先要具有对事物的好奇心。

- 尊重学生的好奇心。

如果学生对一样事物感兴趣，哪怕是稀奇古怪的事物，也不要打击学生，而是鼓励学生探索。

- 鼓励学生向书本要答案，向大自然要答案，有向权威挑战的勇气。

对于学生的问题，教师即使知道答案也要在给出答案前先问问学生是怎么想的。如果不知道答案，教师则可以如实告知，因为即使是教师或权威人士也不是知道所有问题的答案的。

活的人才教育不是灌输知识，而是将开发文化宝库的钥匙，尽力地交给学生。梁启超作为家长典范，他的九个儿女品格出众、才华横溢，各有建树。关于教育，梁启超说："必须引导孩子的趣味！"

感官快乐通常都是短暂的，如一顿美食或一场聚会带来的快乐很难持续，而基于价值体验的幸福却可以持续很久。

多维思考　深度认知

苏霍姆林斯基说："我们应该使每个学生在毕业的时候，带走的不仅是一些知识和技能，最重要的是要带走渴求知识的火花，并使它终生不熄地燃烧下去。"因此，作为教师培养学生的学习兴趣和多维度思考能力、深度认知能力尤为重要。

爱因斯坦说："一个人在科学探索的道路上走过弯路、犯过错误并不是坏事，更不是什么耻辱，要在实践中勇于承认和改正错误。"面对成功，很容易对待。但对于失败，人们多半一时很难接受，会产生负面情绪，而这负面情绪恰恰会是一份礼物。如果教师能够通过教练技术使得学生心平气和地悦纳负面情绪，给负面情绪空间，则负面情绪会慢慢优化成有用情绪，慢慢滋养学生。

我们的一位教师朋友也学习过教练技术，下面这个关于她帮助犯小脾气有负面情绪女儿的案例，或许可以给大家一些启发。

一天我在厨房做早餐，听见女儿在床上开始哼哼唧唧不高兴，我听先生说是因为他把她今天想穿的长筒袜洗了（事实）。我一下就明白了，因为昨天我建议她今天穿那条袜子上幼儿园，她自己也觉得特别好。今天突然变了计划这让她不高兴（感受）。她只是希望自己的决定不变（意图）。

我走到她床边，她还在生气，不起床。

我：我们穿另一双黑袜子好吗？

女：我不要！说着使劲翻着身子扭到另一边。

我：我看到你的情绪了。你知道吗？情绪没有人邀请它不会来，没人让它走它也不会走。那个能让它来又能让它走的人是谁呢？

女儿（知道答案，这让她冷静了一点点，只是还在生气）：我就要那个！

我：可以！那你就在床上等着那双袜子干了再穿。

女：能不能拿吹风机吹干？（我发现她开始走向解决方案了）

我：我知道是因为昨天爸爸为了暖和给你吹了一下，你今天就有经验了。这很好！不过今天的袜子是爸爸早上洗的，现在吹不会那么快干。

女儿继续躺着。

我：想想你的目标。我觉得你的想法是穿漂亮衣服让自己高兴。那还有什么衣服能穿上让自己高兴的呢？我能帮你想的是穿另外的黑色袜子或等着这袜子干了再起床。

说完我就到厨房拿东西了。

一会儿，我再到她房间，看到她正在穿酒红色的袜子（也是新买的）。

我很开心她能自己调整情绪，解决问题。我一边帮她整理袜子，一边听她说：我上面穿白衬衫和白毛衣。

我：这个搭配太棒了！服装设计师在原计划发生变化的时候，总能在现有资源里给自己更好的搭配，你就是呀！

女儿快速穿好衣服，刷牙洗脸，出门上英语课。

愉快的早晨就这样开始了！

总结：

①当孩子生气的时候，首先看到她的正向意图。

②让孩子看到自己的情绪，并让他清晰自己才是自己情绪的担当者。

③让孩子清晰自己的目标，清晰的目标能帮助孩子冷静。

④鼓励孩子创造和自己目标一致的解决方案。

⑤全程对孩子说的话是发自内心的，而不是情绪使然的。

⑥不被孩子的情绪点燃。

⑦当自己会被孩子的情绪点燃时，先照顾自己的情绪，不要再继续帮助孩子解决问题。例如，我今天身体有些不舒服，我能感受到当我给了女儿几次建议她还是不开心时我有情绪涌动，所以我选择去厨房，就在我照顾自己情绪的时候，女儿的情绪也走了。

至此，已介绍完了四种卓越状态，和它们相对应的有八条积极行为需要刻意练习以达到这四种卓越状态。教师们可以对照八项行为评估表进行评估和日常练习，如图4-1所示。

评分标准	完全做不到	很少做到	一般做到	多数时做到	完全做到
	1~2分	3~4分	5~6分	7~8分	9~10分
状态	行为	\<行为描述\>			评分
爱相信	真诚欣赏	我总是能够及时地看到学生的闪光点，并走心地反馈给学生			
	尊重鼓舞	我充分地尊重学生的学习风格、天性差异、爱好等，并习惯性地表扬学生的进步			
爱悦纳	包容同理	在学生犯错的时候，我总是能够站在学生的视角思考，看错误行为背后的正面意图，同时给出积极反馈			
	给予空间	在与学生沟通中我能够做到给学生充分的空间，认真倾听学生，不插话、不打断、不评判			
爱激发	好奇探索	每次在与学生的沟通中，我都会保持好奇心，不仅探索学生的行为，还会好奇学生的内在状态			
	启迪梦想	我会把激发学生的梦想作为我教学工作中非常重要的部分，帮助学生清晰他未来的兴趣、爱好、职业生涯等			
爱觉察	多维思考	在与学生相处的过程中，我总是能够从不同的维度思考如何更好地支持学生，而不是每天都一个套路			
	深度认知	我每天都会设定一个自我觉察、反思的时间，深度认知自己的内在情绪，并积极处理负面情绪，保持平静的状态			
八项行为总分					
八项行为平均分					
1~6分属于低分区，需要每日选一条行为刻意练习 7~8分属于发展区，需要每周选两条刻意练习 9~10分属于高分区，需要持续保持					
基于上面评估自我反思与觉察：					
改进举措：					

图4-1　八项积极行为评估表

第4章 教练型教师的八项积极行为

教育是关于人的灵魂的教育，而非单纯的理智知识和认识的堆积，这是教育久远而宏大的宗旨。詹姆斯·威廉认为，人的思想是万物之因。你播种一种观念，就收获一种行为；你播种一种行为，就收获一种习惯；你播种一种习惯，就收获一种性格；你播种一种性格，就收获一种命运。上面介绍的四种卓越状态就像练内功一样，需要花大量的时间和精力来减除干扰提升修为。行为的改变相对来说会更容易。我们在修炼内功的同时，在八项积极行为上也要刻意练习才能够做到内外兼修，成为卓越的教练型教师。

有时试一试，蹲下来看学生（见图4-2），或许会看到不一样的天空！

图4-2 蹲下来看学生

注：图4-2为郑磊老师在北京一所中学的培训现场为教师们示范，如何蹲下来从学生的高度和视角看世界。

第5章

成为教练型教师的工具和技巧

说（沟通）

卡耐基认为在一个人的成功因素中大约有85%来自沟通，只有大约15%来自个人天赋和能力。对于教育从业者而言，沟通的意义则会更加重大，一位好教师的一句话可能会影响一个学生的一生。

教师们不仅要跟学生、同事、领导沟通，还要跟家长沟通，好的沟通可以帮助人们创建良好的师生关系、同事关系、上下级关系，以及家校关系。

因为每个人的性格都是不一样的，所以不能用一套固定的模式跟所有人沟通，因此沟通的前提就是要对沟通对象有深度的了解和认知，基于不同人的性格特征进行有针对性的沟通。为了让教师们掌握有效识人工具，我们在学校做项目的过程中，引入了4D（Dimension，维度）天性测评工具，并且在这个工具的基础上开发了4D沟通法。

4D天性测评工具源于美国国家航空航天局天文物理学部门主任查理·佩勒林博士创建的4D天性测评模型。这个测评的特点就是简单易于应用，测评的原理是基于我们大脑中两个经常性的活动，一个是做决策，另一个是收集信息。查理博士将这两个维度放到笛卡尔坐标中（见图5-1），横轴就是决策轴，纵轴就是收集信息轴。

人在做决策的时候有两种不同倾向，一种倾向是凭情感感性（F）做决策，另一种倾向是凭思考逻辑（T）做决策。例如，我们都有过购买手机的经历，靠情感（F）做决策的人在通常情况下，会因喜欢某种颜色或感觉好就买了。而靠思考逻辑（T）做决策的人通常会在网上查找和对比，如将华为、小米、苹果等品牌进行对比完后再决定买哪一个。

收集信息也有两种不同倾向，一种是凭直觉（N），看整体更多一些;另一种是凭感觉(S),看细节更多一些。例如,你在工作中领到一项任务,你可以注意下自己的第一反应。看整体凭直觉(N)收集信息的人首先会想这个任务要达成什么成果,看到的是整体、大画面;凭感觉(S)看细节收集信息的人首先会想这个任务的流程、规则、计划、时间等,看到的是局部和细节。所以通过这两个经常性的活动及不同的倾向就把人分成了四种不同性格类型。为了好记,我们给不同类型的人赋予不同的颜色,横坐标左侧情感(F)和纵坐标上方直觉(N)组合的这个维度就是小绿人;横坐标左侧情感(F)和纵坐标下方感觉(S)组合的这个维度就是小黄人;横坐标右侧逻辑(T)和纵坐标上方直觉(N)组合的这个维度就是小蓝人;横坐标右侧逻辑(T)和纵坐标下方感觉(S)组合的这个维度就是小橙人。

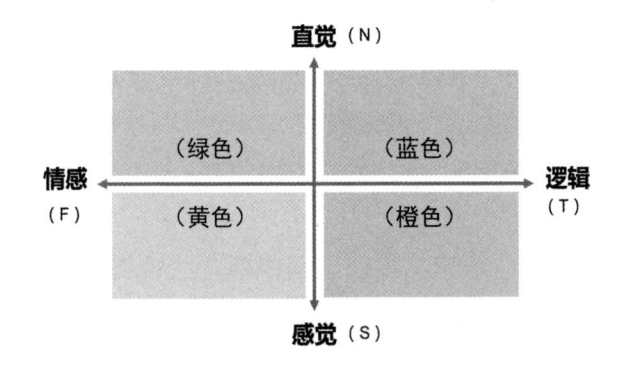

图5-1 四种不同性格类型

小绿人的优势:天生关注人,有同理心,内心博爱,特别擅长看到别人的优点,喜欢赞美他人。

小绿人的局限:做事没有常性,虎头蛇尾,敏感,遇挫折爱抱怨,容易情绪化,喜形于色。

和小绿人的沟通策略:避免直接否定,多感激、多认可、多表扬、多赞美。

小黄人的优势：天生关注人际关系，为人友好，善良忠诚，善于整合资源、配合他人的工作，有团队精神，喜欢大家在一起的感觉。

小黄人的局限：爱揽活，做事慢，不懂得拒绝他人，决策不够果断，爱充当老好人，不喜欢冲突对立，缺乏原则立场。

和小黄人的沟通策略：避免强势，注重关系连接，保持语气、语调平和，让对方感受到被包括、放松和舒适。

小蓝人的优势：天生关注结果、目标、大局，点子多，有创意，有愿景，凡事总是想追求卓越。

小蓝人的局限：以自我为中心，爱辩解，善变，缺乏同理心，说话直爽，脾气有时火爆。

和小蓝人的沟通策略：避免直接指挥、命令安排工作，多提问，征询意见，发挥小蓝人的创造力。

小橙人的优势：天生关注计划、流程、规则、秩序，做事富有逻辑、靠谱、执行力强。

小橙人的局限：教条，死板，爱指责，受管控，缺乏灵活性，做事保守，追求安全确定，缺乏创新和挑战突破思维。

和小橙人的沟通策略：避免无条理、杂乱无序，说话要有逻辑，要讲事实和依据。

如果你不能确认你的沟通对象是什么颜色的，可以在沟通的过程中把四种不同颜色的人都包括进来，如图5-2所示。这样无论对方是什么颜色的，都可以做到有效沟通。

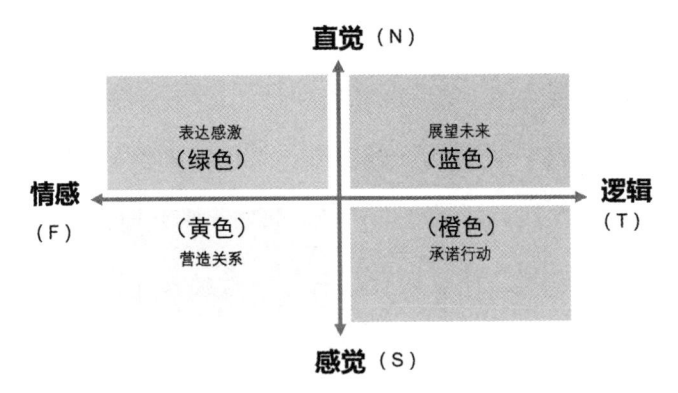

```
                    直觉 (N)
                     ↑
        ┌─────────────┼─────────────┐
        │   表达感激   │   展望未来   │
        │   （绿色）   │   （蓝色）   │
  情感 ←─┼─────────────┼─────────────┼→ 逻辑
  (F)   │   （黄色）   │   （橙色）   │    (T)
        │   营造关系   │   承诺行动   │
        └─────────────┼─────────────┘
                     ↓
                    感觉 (S)
```

图5-2 在沟通的过程中考虑四种不同颜色的人的特点

首先从绿色（NF）表达感激开始，这个维度的主要目的是关注人们情感需求，当人们的情感需求被满足以后就会很愉悦。例如，你在沟通开始之前可以先对沟通对象表达你对他的关心、关怀，这会让沟通对象感受到温暖，可为你接下来的沟通起到了润滑的作用。我们有很多教师在跟学生或家长沟通的时候，习惯于上来就谈事情，忽略了对情感需求的关注，这样的沟通方式不太容易打开沟通对象的心，很难进行有深度的沟通交流。

说完绿色（NF）维度表达感激，接下来就进入黄色（SF）维度（营造关系），这个维度重点关注的是人们的归属感需求，让沟通对象感受到自己被充分的同理和包容进来，就像跟家人聊天一样很放松，很安全。同时让沟通对象感受到这个聊天对双方来说都是一件有意义的事，而不是单向的输出、被动的接受。例如，你可以在这个维度表达，我们已经认识很久了，难得有这样一个机会，我们可以一起探讨这个对你我都很重要的话题。

之后进入蓝色（NT）（展望未来）这个维度，这个维度是把注意力放到人们想要看到全局的需求上，让沟通对象从大方向上了解到接下来沟通的框架是什么，知道这次沟通的重点都有哪些，这样沟通对象就会在大脑中提前准备相关的内容，会使你们之间的沟通更高效。例如，你可以跟沟通对象说："今天这一小时的沟通我们重点会谈三件事。第一件事是……第二件事是……第三件事是……"需要提醒的是每次沟通的话题为1~3条。过多的话题会使人们很难记住，同时也很难做到聚焦。

接着进入橙色（ST）维度（承诺行动）。这个维度是把注意力放到满足人们的逻辑需求上，让人们清晰地知道沟通的步骤及通过沟通后双方达成的共识和行动。例如，你可以说："我们先从第一件事开始聊起，你先说一下对这件事你的想法。你说完之后我再反馈……"三个话题都沟通完，你可以总结一下你们双方都达成了哪些共识，后续有什么行动，也可以请对方总结反馈确认。

最后回到绿色（NF）维度表达感激，感谢对方在整个过程的坦诚、开放，以及对你的信任，也可以用到3F倾听分析整个过程中的事实、感受和意图。

这个工具有很多延展应用，不仅可以用于一对一，还可以用于一对多的公众讲话，包括家校沟通、舆情处理等方面，教师们可以举一反三，在自己的工作场景里多实践、多创新，体会它的妙用。

案例分享：如何运用4D沟通

一、背景

我是一所九年一贯制的重点中学负责德育工作的副校长。学校的制度中明确规定不允许学生外带食品进校，一位女同学过生日，她的母亲给她寄了一份生日蛋糕到学校。中午时，这位同学把蛋糕拿出来跟同学分享，被班主任发现了，班主任很生气，于是把蛋糕扔到了垃圾桶。学生的妈妈知道后带着情绪到学校找我投诉班主任。

二、我的沟通思路

我提前了解了整件事的前因后果，并通过班主任了解到了这位家长大概的性格（偏绿色，情绪非常大，说学校没有温度，缺乏人文关怀，要求班主任给学生和她道歉，否则就投诉到教委）。我基于4D天性测评工具和4D沟通法，决定在这次沟通中重点以绿色部分为主，其他颜色为辅，提前做了相应的准备。

三、案例描述

我见到这位家长的时候，能够明显感受到家长的情绪非常大，脸色也不是很好，上来就跟我说，你们这班主任太没有人情味了，孩子过生日本来很高兴的事，作为老师竟然把蛋糕给扔进了垃圾桶，必须给我们道歉。

我先请这位家长坐下来，并且给她倒了一杯热水，然后语气柔和地跟她讲：（绿色表达感激）首先感谢您在听到这件事后，到学校给我们直接反馈，说明您对我们学校领导层还是非常信任的。如果是我的孩子出现这样的情况，我肯定也会和你一样生气。通过您的反馈，我能够感受到你平时不论是对孩子还是对其他人都是非常注重人文，并且总是能够带给别人温暖和关爱的。

家长听完我说的话，语气马上有所缓和，说校长您还真说对了，我平时对孩子、对同事、对朋友都是这样的，所以对班主任这种做法完全不能接受。

（黄色营造关系）我接着说，您先消消气，据我了解您孩子从小学就一直在我们学校，表现得也非常不错，她到了中学跟班主任一起相处也两年多时间了，这个班的师生关系、家校关系做得也不错，当然这也离不开咱们家长们的大力支持。这次这个事件对这个班级影响还是挺大的，班主任也面临着很多舆论压力，她也跟我说孩子违反规定不对，但这次确实没能管控好自己的情绪，如果需要她跟您道歉她也愿意。此时家长的情绪完全放了下来，连忙说，我和孩子做的也有问题，明知道学校不让带食品进校，破坏了学校的纪律，我们也有错，道歉就不用了。

（蓝色维度）我接过家长的话茬继续说，感谢您的包容与理解，相信这次事件对班主任也是一个提醒，对我们全体老师也是一次学习，未来在面对学生问题的时候可以采取更人文的方式，让学生们感受到温度，同时还能够做到遵守校规校纪。

（橙色维度）这个学期我们还有两次针对班主任的培训，借着培训我也会继续跟班主任赋能如何更有温度地沟通，也希望您回去以后做好孩子的思想工作，未来也能遵守校规校纪，我们都从这件事中汲取营养。您看可以吗？家长表示愿意，并且反馈说跟我的沟通很舒服，未来学校有什么需要支持的她一定积极响应，全力支持。

——选自教师案例

听（倾听）

听者为王，好沟通都是听出来的。优秀教师的良好沟通来源于自觉地遵循了以下这两条原则：第一是倾听，即让学生把心里话说出来，同时要听懂学生话里的真实意思；第二是理解，即站在学生的角度想是不是有道理。

教师应成为学生的朋友，深入他们的兴趣中，与他们同欢乐，共忧伤。忘记自己是教师，学生才会向教师敞开心扉。当教师以亦师亦友的角色融进学生群体中成为他们的一员，不再评判或编故事时，才能听到学生的心声，知道他们的需求。这是心与心的碰撞，是爱与爱的交流，让教师和学生在倾听中相互欣赏。真诚的沟通会使学生内心充满阳光，即使是指出学生的问题，也更容易令学生接受。教师的话语如涓涓细流潺潺而过，学生的心门自然会似层层迷雾缓缓展开。如果师生之间的话说明了，情交融了，心贴紧了，则哪有心声不能倾听？哪有心神不能交流？哪有心花不能怒放？你说的，我都懂，那该是多么美妙的对话场景！

工具：3F倾听模型

倾听在沟通当中的重要作用毋庸置疑。只有先有效地听，才会有效地问、觉察与交流。虽然"听"看起来是一个简单的、人人都明白的动词，但是要做到真正的"倾听"可远远不只是用耳朵"听"那么简单。

以下来看看古人的"聽"多么奇妙和具有大智慧。如果把繁体字的"聽"拆解开，则可以看到"聽"由"耳"、"王"、"十"、倒着的"目"、"一"颗"心"组成，这从字面上完全解读了倾听的含义：人们在听对方表达时，要竖起耳朵，像对待王者一样真诚，十分专注；要眼睛注视对方，一心一意，同时身体稍微倾向对方，这样才是真正的倾听。

倾听分3个阶段。

第1阶段：以自我为中心的倾听

在此阶段是把关注点都放在自己身上。人们的表现是：在听完或尚未听完对方的话时，就做出判断，着急发表自己的意见或见解，强调自己的观点及立场。此阶段的听没有身体上的相应配合，也没有给对方一个很好的回应，注意力是在自己身上，甚至沟通的双方不能够达成共识，人们会只想着如何说服对方。试想一下，面对这样的倾听时，作为倾诉者你会有什么样的感觉？

第2阶段：以他人为中心的倾听

此阶段是把关注点都放在对方身上。这个阶段的表现是：通过对对方的言语、态度、语调等做出一些相应的反应来进行交流。在沟通过程中会集中注意力，看着对方的眼睛，目光会有交流；做出和对方相同的一些动作，与对方产生共鸣等；拥有和对方同步的一些呼吸、语速和音调等；最后会重复、总结对方说的话，会做出适当的反馈，有总结、有回溯。但这样的倾听只关注对方，而没有关注自己，是完全同理对方，这也不是真正高水平的倾听和沟通。

第3阶段：使用3F倾听模型进行倾听

3F倾听模型是在非暴力对话倡导者马修·罗森博格和现代教练之父托马斯·伦纳德的研究成果基础上，由郑振佑博士发展出来的技法，可以提高直觉力，使人的心灵和意识更加强而有力，这个技法在实际应用中有非常好的成效。

3F倾听模型包括以下内容。

①Fact（倾听事实、真相）：倾听并说出自己看到的事实。

②Feel（倾听感受、情绪）：倾听并表达自己的感受。

③Focus（聚焦意图）：倾听并说明自己的意图，从事实中感受意图。

所谓"倾听"绝不是静静地听对方讲话就可以涵盖的。它是一个流动的过程，不是单向的，而是一个逐渐循环的、不断清晰聚焦的、可以达成共识的，并且形成非常好的行动方案的过程。它可以提升人们在与他人沟通的过程中的直觉，能够帮助他人在心灵和意识层面得到更多的觉察。

在生活中，人们该如何分清"事实"和"判断"呢？通过下面的案例大家会对此有清晰的认识。

在桌子上有一杯橙汁。（事实）

在桌子上有一杯美味、非常有营养的橙汁。（判断——因为有的人根本不喜欢喝橙汁，他不会觉得橙汁很美味，因为这样，大家就会容易产生争议。）

我们在学校做项目的过程中，会邀请教师们把自己说过的一些非事实的话列出来，换位思考地去体会和听"非事实"的话语带给沟通对象的影响，并把这些夹杂判断和演绎的话转换为事实描述。以下是部分示例。

你一直都是这样，能不能跟其他同学学习一下？（判断）

说你多少遍了，总是没记性！（判断）

经常忘带东西的就是你！（判断）

从来都不改，你这个孩子愁死我了。（判断）

你这孩子很没有礼貌。（判断）

……

如果我们是学生，当我们听到教师这样说我们的时候，我们会有怎样的感受呢？这些判断的话只会让教师和学生之间的关系越来越远，学生们很难听进教师给出的反馈，此时教师往往也忽略了自己给出反馈的目的是让学生们能够有改正的行动。因此我们需要转变我们的语言表达习惯，把判断的话转换成事实。以下是转换后的示例。

你的书桌不够整洁，可以跟其他同学学习一下，如何把书桌整理的更整洁一些。

这是我第三次提醒你，希望你能够花点时间把背诵的这些内容记住。

想一想，怎样才能让自己把该带的学习用品都带齐了呢？

本周你三次没改卷子，跟老师说一下是什么原因呢？

老师上课的过程中，学生大声喧哗是不礼貌的行为。

对照上文判断的话语，这次用描述事实的方式再表达出来感觉是不是不一样了？当我们说事实的时候，就会减少逆反等情绪反应，同时也减少了很多争辩和对抗。学生就更能够听进教师给出的反馈，从而做出积极改变。

接下来通过倾听感受练习一下如何识别和表达情绪、感受。听听下边的句子表达了怎样的情感并写在括号里。

①你要转学了，我很难过。（　　）

②老师当你那样跟我说话的时候，我很紧张。（　　）

③你能来参加我的生日，我太高兴了！（　　）

④你真是太讨厌了！（　　）

⑤我是一个没有用的人。（　　）

⑥为什么我这么努力了还是考不好？（　　）

⑦你帮助到了我，我很开心。（　　）

⑧在班级里他们吵来吵去真是太烦人了！（　　）

通过上边八句话，你是否可以倾听到每一句话背后的情绪和感受呢？我们在过往与他人沟通的过程中，听得最多的就是这个人说了什么内容，往往会忽略这个人呈现出来的情绪和感受。如果我们能够用心地去体会对方在沟通过程中的情绪和感受，并且把体会到的情绪、感受表达出来，就有意想不到的结果。沟通对象会感受到被你深度的同理和共情，就会更容易向你敞开心扉。

当人们的需求被满足的时候，就会呈现出积极的情绪。例如，兴奋、喜悦、感动、开心、兴高采烈、欣慰、温暖、愉快、放松、舒适、平静、安全、踏实、快乐、自信等。

当人们的需求未被满足的时候，就会呈现出消极的情绪。例如，焦虑、紧张、害怕、担心、着急、厌烦、不满、惭愧、内疚、气馁、沮丧、失望、恼怒、郁闷、疲惫不堪等。

教师们在日常的教学和生活中，可以刻意地练习倾听情绪和感受，并将听到的情绪和感受表达出来。当你做的时候你才能体验到倾听情绪感受带来的价值。

每个人行为的背后，都有一个积极正向的意图。就像我们平时在听他人讲话的时候，往往说出来的并不是他要表达的重点，而没说出来的部分（弦外之音）才是他真正想要表达的。因此如果在听他人讲话的过程中能够听到讲话者背后真正的意图，我们就会成为倾听达人，他人在跟我们沟通的时候，会觉得我们特别懂他们。

那如何倾听意图呢？以下通过几个小练习快速体验一下每句话背后的意图。

①小军在班里特别能折腾，同学们都挺烦他的，都不想跟他相处！

②我爸妈把我生日给忘了，他们根本不爱我，我不想回家了！

③老师就是偏向他，不就是因为他学习成绩好吗？

可以先自己尝试把以上三句话的意图写下来。

①意图：

②意图：

③意图：

以下是对上述三句话背后意图的解读。

①"都不想跟他相处"并不是这位学生表述的真正意图，不想相处是结果性的表述，正向的意图是这位学生希望小军同学能够遵守班级的规章、纪律。所以如果你是老师，当听到有学生跟你说这样的话时，你就可以结合之前所学的事实、感受加上意图一起给他一个反馈。

事实：看到小军违反了班级的规章、纪律。

感受：你和同学们很烦。

意图：你希望小军能够遵守课堂纪律，让班级更有秩序。

当按照3F倾听去沟通的时候，学生的感觉会怎么样呢？

②我爸妈把我生日给忘了，他们根本不爱我，我不想回家了！

这位学生背后的意图是自己被关爱的需求没被满足，所以希望爸爸妈妈给她更多的关爱。如果此时作为老师的你给学生直接讲道理，说："爸妈也不是故意的，谁没有忘事的时候，你就懂点事，原谅他们吧。"我们可以换位思考一下学生听完后会有什么样的反应。当然老师也可以运用3F倾听给这位学生反馈。

事实：我听到你说爸爸妈妈把你生日忘记了。

感受：你感到很伤心和委屈。

意图：你希望他们能够记住你的生日，让你感受到父母对你的温暖和关爱。

③老师就是偏向他，不就是因为他学习成绩好吗？

请你尝试用3F倾听写下如何跟这位学生进行反馈。

事实：

感受：

意图：

美国传播学家艾伯特·梅拉比安曾对沟通过程中的信息的全部表达给出这样的公式：信息的全部表达=7%语言+38%声音+55%肢体语言。所以倾听需要层层深入，而不仅是听语言表面的内容。坚持实践3F倾听模型，你也可以成为倾听达人。

人每秒钟能够识别和接收200万比特的数据，并将它存储在无意识和潜意识中，在意识层面的信息每秒钟只有134比特，大脑一次能识别和倾听5~9组数据。语言传递的信息只占沟通的7%，另外93%是通过非语言性的，如身体反应、语音语调、能量、感觉等来传递的。因此，倾听时不但要倾听语言信息，还要倾听感情和意图才能把握全面信息。

倾听的第一个秘诀就是"空杯"，即把内心的想法和感情倒空。在教练型教师训练中有一种训练方法叫中心练习（Centering），就是把意识聚焦在身体和精神的中心。具体方法是把气吸入丹田，缓缓呼气，将注意力集中在呼吸上。通过几次呼吸你会慢慢地感受到心中的杂念消失了。先进行1~2分钟的呼吸，倾听的效果就会大大地提高。人们的意识集中在心灵深处时，杂念就会消失，就能保持平和的心态。

这种平和的瞬间就成为中心状态，在这种状态中沟通对象会感到安心，会感到和沟通者融为一体，进而形成深度和谐的关系。这种关系是一种深度信任的关系，是一种双方心灵的相通，没有任何阻拦的、坦诚相待的和谐舒适状态。像这样高超的倾听能够帮助对方放下所有戒备和逆反心理，真实地坦露自己，感知觉察，接受变化。

不管是谁，只要能够做到3F倾听，就能减轻对方的心理负担，获得放松的机会，令对方产生积极的心态和对未来的希冀。如果能够给与自己沟通的人带来这样的感觉，你就是倾听高手，时时刻刻都能创造美妙的对话场景。

关于倾听，大师级教练迈克尔·斯特拉福特（Michael Stratford）这样说："倾听，从呼吸开始。"

案例分享：如何运用"教练型"思维和3F倾听模型解决个别落后生问题

我是一位班主任，经常会遇到个别落后生、麻烦生，关于这些个别生的教育一直是令我头疼的事情。2021年我接的5年级3班有位麻同学经常情绪失控，拍桌子，推同学，影响上课纪律。上其他课也是常常上到一半就因为纪律问题被送到我这。遇到这种情况我持续用"批评—教导—学生承认错误"这套处理问题的程序，但麻同学下次依然这样，收获甚微。对此，我没有找到一个解决这个问题的有效方法，也没有找到他行为背后的根本原因，这使我很困惑也很无奈。

然而在我接受了教练型教师培训后的一天，麻同学因和同学再次发生矛盾而被送到了我这里。我尝试运用学习到的"教练型"思维和3F倾听与麻同学进行沟通。

我：发生了什么？

麻同学：我路过女生旁边时，不小心碰了她一下。这个女生就特别娇气，她看了我一眼，是那种厌烦的眼神，还嘟囔了一句好像是"讨厌"，于是我就生气了，把她的书打到地上了。

我：你为什么生气？

麻：她那种表情就是厌恶我。

我：你想在同学心目中成为什么样的人？

麻：当然是学习好、大家喜欢的、能给他们帮助的人。

我：你觉得你做得怎么样？

麻：我爱帮助同学。

我：你觉得怎样做同学才更喜欢你？

麻：不打架、有事好好商量、尽量宽容别人、按时交作业。

我：刚才那个大声嚷还扔书的你，你喜欢吗？

麻：不喜欢，我也不想发脾气，可是我控制不住我自己！

我：你也不喜欢发脾气的自己，想做个同学们喜欢的学生。那你在发脾气的时候，自己要意识到，这样不是自己想要的，发脾气达不到自己想要的目的，同学们不喜欢，自己也不喜欢。我愿意陪伴你，提醒你，让同学喜欢你，明天你想想可以为同学们做些什么？再看看同学们的反应怎样？

这次谈话的气氛很好，在以往的谈话中麻同学总是强调自己的理由，为自己开脱，即使承认错误，也是口不对心，事后没任何改进。这次明显感觉出麻同学的对抗情绪没有了，开始自我觉察，更冷静地知道自己想要成为什么样的自己，更好地跟自己和其他人和平相处。第二天，麻同学开始在吃午饭时主动帮同学盛汤，给同学们带来了方便，自己也很快乐。后来，他慢慢地和同学们的冲突也少了，关系也缓和了很多。

每个人的行为背后都有一个正向的动机，如果我们帮他找出来了，则他就会真正绽放出来正能量。在我和麻同学的这次谈话中，首先，我关注发生了什么（说事实）；其次，我关注了对方的感受（关注学生感受），这样帮助他深入思考，进行自我觉察，更冷静地知道自己想要成为什么样的自己，如何发挥自己的潜能。

——选自教师案例

观（思考）

发明千千万，起点是一问。学习知识要善于思考，思考，再思考。爱因斯坦就是靠这个看似简单的方法成为科学家的。若无某种大胆放肆的猜想，一般是不可能有知识性的进展的。想象力比知识更重要，因为知识是有限的，而想象力概括着世界上的一切，推动着进步，并且是知识进化的源泉。同时思考还包括对做过的事情及时复盘，以吸取经验教训，未来做得更好。

瑞士教育家亚美路说："教育最伟大的技巧是'知所启发'。"众所周知，截至2017年，犹太人在902位诺贝尔奖得主中占据203席，比例高达22.5%。

到底是什么让犹太人如此成功呢？其中的秘诀就是"哈柏露塔"（Havruta）教育法，即寻找伙伴，一同进行提问、对话、讨论和辩论，以达到学习提升。这个看似简单、应该人人都知晓理应会操作的流程，是以提问开始，并以提问结束的。首先必须提出问题，才能够进行讨论和辩论。同时也可以从提出的问题看出提问者的水平。并且，所提出的问题，要有能够引发另一个人往不同方向去思考的力量。这个力量，也会对提问的人产生影响。因为问题决定想法，想法决定动机，动机决定行动。所以如果作为教师真的掌握了这种提问精髓并落实在教育环境，那么就可以将传统的"（学生）听的教育"转化为"（教师与学生）相互问的教育"；可以将"教师教学生的教育"转化为"教师和学生沟通的教育"；可以将"（仅）成功导向"转化为"成功与幸福的导向"。就像爱因斯坦说的，真正的快乐是对生活的乐观，对工作的愉快，对事业的兴奋。在我们看来，他的话揭秘了为什么绝大多数的犹太家庭，都有强大的向心力，同时拥有成功与幸福的关键所在。

在以色列前总理、总统及诺贝尔和平奖得主西蒙·佩雷斯的自传《大梦无疆》中，他多次提到这种提问方式在其学习、工作中的运用和效果，以及对他一生的影响。这恰巧对应苏格拉底所说："最有效的教育方法，不是告诉他们答案，而是向他们提问。"

尽管我们两位作者认为并不是要把每个学生都培养成为担任实际领导岗位的领导者，但领导思维和意识是每个学生都需要的。提出一个问题往往比解决一个问题更重要。解决问题也许仅是一个数学或实验上的技能而已，而提出新问题，却需要有创造性的想象力，而且标志着科学的真正进步。善于提问的教师，可以激发觉察；善于提问的学生，会探索到更多未知世界。往往很多时候，正确的答案不止一个！教育的事业并非使年轻人能完美地从事科学研究，而是要开阔年轻人的心胸，使其能尽力运用自己之所长。

陶行知说："敢探未发明的新理，即是创造精神；敢入未开化的边疆，即是开辟精神。创造时，目光要深；开辟时，目光要远。总起来说，创造、开辟都要有胆量。在教育界，有胆量创造的人，即是创造的教育家。"相信每位教师都可以成为创造的教师！

工具：5R教练模型

5R教练模型是郑振佑博士在约翰·惠特默的GROW教练模型的基础上发展出来的教练技法。5R教练模型是一套非常系统的、有严密逻辑关系的提问技术，既可以帮助教师和学生提升思考力，也可以被广泛地应用于目标梳理、问题解决等方面。

5R教练模型是由五个部分组成的，分别是1R（Refocus）聚焦目标、2R（Reality）直面现实、3R（Relation）内在关系、4R（Resource）解决方案和5R（Responsibility）督导问责，如图5-3所示。5R教练模型的核心是3R内在关系，也就意味着在关注其他R时都要关注到3R内在关系。只有建立了良好的内在关系，这个模型才能发挥最大价值。

图5-3　5R教练模型

为了让教师们更好地掌握这个工具，我们把5R教练模型转化为五个问题，通过问五个问题就可以快速地掌握这个工具。

（小提示：在问这五个问题之前要先从建立关系的提问开始。）

建立关系的问话：过去一周有什么开心或值得庆贺的事情？

1R：想要实现的目标是什么？

2R：实现这个目标的过程中有什么障碍？

3R：这个目标实现了会给你带来哪些好处？

4R：有哪些办法可以帮助你实现这个目标？

5R：接下来你会如何落地这些办法？

对话开始前教练关系的形成和维持（Relation）

使用5R教练模型之前先要建立良好的信任关系。关系是进行有效教练对话的基础。沟通对象对教师的信任、对教师的毫无保留是有效教练对话的关键。关系构筑可以分为教练对话前、教练对话过程中、教练结束后三个阶段。在教练对话开始前微笑、问候、轻松地聊天、赞扬等，都可以帮助你很好地构建教练关系。除此之外，教师们还可以学会配合MBTI了解沟通对象的个性特征、语言特点等，调整语气、语调，以及开场问话的内容。对于第一排序是F的人可以问他们最近有哪些新鲜事儿，对于第一排序是N的人可以让他们分享最近让他们觉得有成就感的事。当然无论是什么性格特征的人，赞赏他们的成就、表示感谢都是有效的沟通方式，任何人都会乐于接受。

在教练对话过程中对沟通对象的及时鼓励、支持、嘉许，对于形成持续的关系非常有效。

在教练对话结束后，可以问一下沟通对象这次沟通感觉怎么样？在这个过程中有什么收获启发？

帮助沟通对象确认他想要的是什么（Refocus）

确认具体目标非常重要，有时沟通对象对自己真正想要什么并不清楚，或者表达不出来，所以可以采取灵活提问的方式帮助沟通对象思考，如可以问："在假期你最想做什么？""在这个学期结束前一定要解决的问题是什么？"基于不同情景可以提出不同的问题。如果是教师设定好的主题，也可以基于设计好的主题按照5R教练模型进行提问。

正视现实，直面障碍（Reality）

帮助沟通对象深入思考，实现目标的过程中可能面临的现实，并与之产生共鸣。通常沟通对象往往会偏悲观或偏乐观地看待自己面临的现实。此时，需要教师在不介入自己的固有观念和评判的基础上，从沟通对象的叙述中厘清事实并让沟通对象认清事实。

对话示例

学生：我想把改变自己的懒惰作为目标。

教师：如果用10分表示自己的懒惰，你觉得自己有多懒惰？

学生：4分。

教师：如果有6分是勤奋，那你觉得这4分的懒惰是怎么构成的呢？

学生：锻炼少、时间管理差……

通过以上这些问题的探索可以很好地帮助沟通对象正视现状，了解如果想要实现目标，这些障碍都是需要面对的。

内在关系（Relation）

通过让沟通对象畅想目标实现后可以带给他什么好处，沟通对象体验到这个目标实现是和自己有关系的，实现后是可以给自己带来价值和影响的，从而促进沟通对象愿意继续探索，接下来怎么做才能实现目标。

解决方案（Resource）

通过聚焦、探索、赋能，沟通对象会能量满满，这时是让沟通对象自主地思考实现目标的解决方案的好时机。所以要让沟通对象尽可能多地选择解决问题的资源和办法，增加更多的可能性。

可以问的问题：有什么策略可以支持我们实现目标？有什么是你考虑过现在还没有实践过的办法呢？有什么可以让这个目标成为可能……

督导问责（Responsibility）

帮助沟通对象落地行动计划，同时约定彼此责任，支持沟通对象最终说到做到，实现目标。有很多沟通对象沟通完因没人支持、鼓励、督导而不能很好地落地计划。因此，教师要在沟通对象自己厘清和思考的基础上，帮助沟通对象梳理具体的行动计划，并持续支持沟通对象实践并体验点滴的成功。

可以问的问题：落实到下一周你的第一个具体的行动是什么？什么时候开始做？我如何帮你确认你的计划推进情况呢……

案例分享1：如何运用5R教练模型

1. 问题描述

在本学期工作中，我作为区级骨干教师，通过"传帮带"的方式，在日常教学工作中带领一位青年教师，希望能够提高其教育教学基本能力，尽快掌握班级管理的基本方法。

身为师傅，我认为自己应该倾囊相助，因此当她来找我讨论问题时，强烈的责任感让我觉得我必须要教会她一些东西，要让她有所收获。因此，每当她提完问题，我总是会一股脑地把自己的经验所得全部抛给她。我认为我表述得很清楚，但落实在实际工作中时，这位青年教师还是会有很多困惑。

2. 解决方法

当学习了5R教练模型后，我才意识到我之前和这位青年教师的沟通都是破坏关系的沟通。我没有真正地相信她，也没有通过挖掘她的内在资源鼓励她创造，于是我开始尝试基于5R教练模型与她进行沟通。

案例背景：在一次进行班级区域游戏时，我去她的班级听课，她有一些紧张。在幼儿玩"娃娃家"游戏时，她一刻不停地指导幼儿应该怎样玩。游戏结束后，她有些沮丧地来找我："她们今天的'娃娃家'游戏玩得不好，我也不知道该怎样指导了。"如果是以前，我一定会滔滔不绝地说应该怎样，但这次我尝试基于5R教练模型和她进行沟通。

聚焦目标：你觉得教师在"娃娃家"游戏中应当是怎样的角色？

她想了想，回答：教师应该是支持者、陪伴者。

正视现实：那你认为刚才在"娃娃家"游戏中你是什么角色？

她：我基本上都是带着她们玩的，我怕她们不会玩，没得玩。

我：那实际上你们班学生的表现呢？

她：他们都很有自己的想法，都能自主地玩游戏，很多时候都不用我指导。我明白了，我应该是观察者，她们需要我的时候我再介入。

激发动力：如果改变了介入的方式，他们会有什么变化吗？

她：他们应该玩得更自主，而且我能在边上观察到他们的发展水平，才能了解他们的需求，而不是一味地指挥他们玩。

创造更多的可能性。

我：那什么时候需要你介入呢？

她：我觉得首先要看学生是否有的玩，如果他们无所事事了，那我就该思考我的材料、环境、情境是不是他们不熟悉或不喜欢玩；如果他们产生交往的矛盾了，我肯定要介入，借着游戏引导他们学会正确的交往方式……

我：非常好！还有什么情况需要你介入？

她列举了很多情况，而且神采奕奕，越说越兴奋。

承诺行动：有什么需要我帮助的吗？

她：和你说完我清楚多了，希望您明天再来我们班看一看，如果还有新的问题，我们再一起讨论。

3. 最后成果

此次谈话其实很短暂，但我乐在其中，我不再滔滔不绝地讲我的想法，而是停下来，听一听她真正的困惑。对比与她谈话前后的状态，我发现她是真的从谈话中感受到了自己教学过程中的问题，也找到了症结所在。我也从与她的谈话中感受到了5R教练模型的魅力，简单的几个问题就让她有所思、有所得、有所悟。

案例分享2：如何运用5R教练模型

我是一名学校教师，2020年开始学习教练技术，以下是我连续三天用5R教练模型帮助自己的孩子提高考试成绩的案例。

第一天

晚上儿子告诉我他数学模拟考犯的错误都是愚蠢的错误。我基于5R教练模型，和他一起探索出一个行动计划，如图5-4所示。从表面上看5R教练模型涉及的是一些框架性的问题，其实更重要的是涉及心智模式训练。教练是不轻易告诉客户答案的，教练要给客户一个高能量的情绪体验，让他看到自己原来是知道所有答案的。这样，客户才会更加自信，更有动力改进。另外，我儿子是ISTJ，S排序第一，因此非常专注在一个很窄的点上。基于5R教练模型，我想通过训练让他看到更广阔的面、更多的资源和可能性。

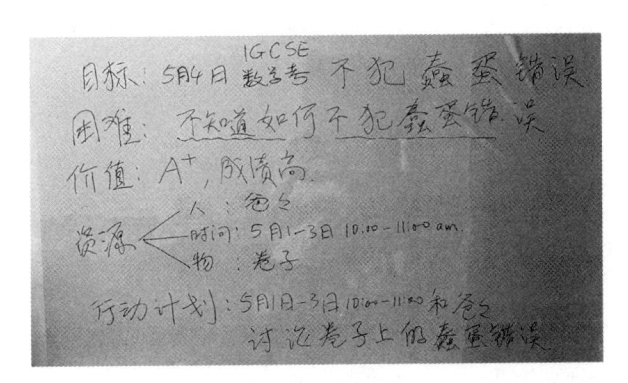

图5-4 行动计划

第二天

上午10—11点，我和儿子一起执行前一天制订的行动计划：讨论数学卷中的蠢蛋错误。

爸爸：你看着这些蠢蛋错误，想一想，它们之间是否存在共性？也许有，也许没有。

儿子：我的意识层面是知道正确答案的，但是当我写的时候，我的手就是写错了。

爸爸：虽然说有这些蠢蛋错误，但是相比四年前、你刚入读佛山市山语湖双语学校（CBIS）的时候，已经少了很多。从70%正确率上升到95%正确率，你是怎么做到的？

儿子：我什么特别的事情都没做过，就是常规地上学、上课、做作业。

爸爸：既然是这样，对于目前这些错误按照以往的成功经验，其实你无须做特别的事情，这些错误也会一步一步地被修正。就像你长身体一样，我没做什么特别的事情，就是让你正常吃饭、睡觉而已，你的身体每天都在生长，该怎么长就怎么长。你希望在5月4日之前能够知道犯蠢蛋错误的原因，加以修正。也许可以做到，也许做不到。因为每个人的成长有他自己内在的规律，我们可以在一定范围内促进一下，就如你运动的时候吃蛋白粉一样，适度是可以的。有一个需要坚定的信念就是"你哪怕什么都不做，其实你的内在也一直在自主修正，在进步。"（从过去的成功中获得启发，提升儿子对自己的信心，成功才是成功之母。这是道的层面。）

儿子：嗯。

爸爸：考试时，时间充裕度怎么样？

儿子：非常充裕，我反复检查多次，都没发现那些蠢蛋错误。

爸爸：从术的层面看，你是ISTJ类型，你习惯于在自己固有的思维模式、"轨道"里运作。你很专注，这是卓越性，同时也带来了局限性。你不容易"抽离"自己的思绪从另一个角度看问题。变换轨道对于ISTJ类型的人来说，有点难。你可能需要做一些"思维肌肉"锻炼，锻炼你把思绪从自己固有"轨道"抽离出来的能力。做两个不同类型的中心练习吧。"力量静心练习"可以让你进入自己的潜意识。你自己在潜意识里面对本次考试的状态或结果会有一个意念。"观察者中心练习"锻炼你从自己的思绪中抽离出来的能力。

儿子：嗯。

（行动计划1：每天尽可能多地做以上两个练习。）

爸爸：我发现你每次在骑车前检查所有的装备时，非常全面和仔细。我看到你在头脑中"扫描"各项装备是否带上了，你是怎么做到的？

儿子：1. 我头脑中有一个非常清晰的装备检查清单；2. 我反复训练了许多次。

爸爸：那你在数学考试时，有没有一个"装备检查清单"？

儿子：没有。

爸爸：那你愿意尝试做一个吗？就像检查自行车装备一样，检查这些数学考试中的"关键装备"。

儿子：好的，我可以试一下。

（行动计划2：做一个数学考试"关键装备"检查清单，我们就这个清单继续展开讨论。）

第三天

爸爸：昨天数学考试的"装备检查清单"写得怎么样了？

儿子：写了。1. 检查题目意图；2. 检查各种数据。

爸爸：很好，能想出这两个点，非常好。你可以继续保持"雷达"打开，扫描更大范围的区域，看看还有哪些需要检查的点。

儿子：嗯。

爸爸：今天有什么计划？

儿子：复习英语。

爸爸：你目前对英语这一科表现的满意度打多少分？

儿子：7~8 分。

爸爸：你希望把这个分数提高一下吗？

儿子：希望。

爸爸：你英语考试的目标是什么？

儿子：A+。

爸爸：对于实现 A+ 的目标，你现在有什么困难？

儿子：不知道。有时候做卷子很爽，有时候不爽。

爸爸：那是不是只要保证你做卷子的时候有"爽"的感觉，你就可以实现 A+ 的目标？

儿子：是的。

爸爸：那英语考试的目标就是写卷子时的状态是"爽"，是吗？

儿子：是的。

爸爸：你还记得最近一次让你很"爽"的事情是什么吗？

儿子：在广州大学城骑车 100 千米，TSS=220。（Training Stress Score，TSS：训练压力指数。）

爸爸："爽"的原因是什么？

儿子：能做自己喜欢做的事情。

爸爸：那这个经验如何可以迁移到英语考试上呢？

儿子：这种"爽"和做英语卷子的"爽"是不一样的。

爸爸：有什么不一样？

儿子：做卷子时候的"爽"是很顺的意思，不是运动后的"爽"的感觉。

爸爸：哦，明白了。你希望英语考试有一种很顺的感觉，是吧？

儿子：是的。

爸爸：请你回忆一次你最近做卷子很顺的体验，那是什么时候？

儿子：我平时都觉得很顺，每天都很平静。考试的时候，有时候前面几道题很"爽"，后面就不"爽"，过了一会又恢复正常。

爸爸：哦，明白了。你平时都能做到有很顺、很"爽"的感觉。但是考试时会有波动。你不喜欢这种有波动的感觉。你希望是很平静、很顺的感觉，是吗？

儿子：是的。我平时是没有任何情绪的，但是做卷子的时候，有时候看到一大堆问题堆在一起，我就会感到不"爽"。

爸爸：情绪是感受+"故事"。我们的身体有一些感受，如疼痛、紧张，都是正常的，无须担心。就像我扎一下你的手，你感到痛。但是如果你在痛的基础上添加一个"故事"，你就会陷入情绪的旋涡，如：有人搞恶作剧，在地铁上用针头扎人。被扎的人除了感到痛，还怀疑那些针头是病人用过的，那么这个被扎的人就会不断添加"故事"进去，对未来产生很多恐惧，陷入情绪的旋涡。

爸爸：如果考试的时候，你感受到身体紧张，这没什么不好。只要你不添加"故事"就没有情绪波动。不要把以前的故事或未来的故事加进来。以前不会做，不代表现在不会做。这道题不会做，不代表就拿不到A+，不代表考不上好大学，不代表做不到你想做的事情。保持专注当下就可以了。

爸爸：你要学会保持对"情绪苗头"的觉察，一旦觉察到自己不"爽"，你就想想你添加了一个什么故事，马上把这个故事删除，你就会很快恢复平静。

儿子：嗯。

爸爸：明白了道理，并不等于你能做到。就像你骑车，无论你理论水平多高，你没有足够的肌肉力量和技巧，你的表现也不会好。所以下一步行动计划是：1. 训练"觉察肌肉"；2. 训练临场应对技巧。你想怎么训练？

儿子：1. 我去做练习；2. 如果现场我感受到不"爽"，我深呼吸五次。

爸爸：很棒。你现在就去做 15 分钟练习，然后做你想做的事情吧。

爸爸：另外，既然你平时做卷子时就有很平静、很顺的感觉。那你就把本次 IGCSE 考试当成是平时的一次练习，把这些考试的日子当成是平时正常上学的日子。把所有与"大考"相关的标签都去掉。IGCSE 考试和你实现你的人生目标是"相关"关系，不是"因果"关系。它只是让你的人生多一个选项而已，你本来已经有了不少选项了。

儿子：嗯。

教练反思：今天这个对话，我没有预设要达到什么结果。在这个过程中最有挑战性的部分是儿子一直都不清晰让他不"爽"的原因，在回答我问题的过程中，他曾经表现出焦躁的情绪。他认为那只是一种感觉，我也不知道为什么，也不知道怎么办。我觉得我们的对话就是逐步帮他清晰、聚焦的过程，刚开始感觉很模糊，很正常。通过梳理，事情就会一步一步地变得清晰、可见。在整个过程中，我注重的是倾听，捕捉一些能够帮助他清晰的重要信息。我没有任何既定目标和意图，保持中正的状态，所以当他有情绪时，我没有被他的情绪所影响。整个对话约一小时，为了方便阅读，我省略了一些不重要的对话内容。

觉（学习）

教师都希望自己带的学生能够在课程中认真听讲，积极回答问题，班级氛围活跃。可是在现实中会发现大部分学生在课程中，百分之百投入的时间是有限的，所以当看到有教师可以做到在一节课40~45分钟的时间里，激发学生全神贯注、积极参与、主动提问，他就会成为其他教师们羡慕的对象。在很多人眼中能做到这样效果的教师太少了，自己也会觉得很难学到。

通过在学校的不断实践，我们发现还是有办法帮助教师激发学生的学习热情，提升课堂效果的。

首先作为教师要觉察到，每个学生的学习风格是不尽相同的，有的学生在上课的过程中对图片、视频、故事、PPT、板书等特别感兴趣，有的学生对教师的声音、语气语调、字词、音频文件等特别敏感，有的学生对于小活动、小游戏、分组讨论等互动体验式的学习特别有热情，有的学生就是喜欢自己一个人安静地思考，不喜欢被打扰。因此，在课程中如果教师在教学设计上只用一种方式，是很难吸引有不同学习风格的学生的。这也是为什么在课程中很难做到让所有学生全情投入积极参与的重要原因。所以作为教师掌握学生的学习风格工具就变得非常重要。

在生活中，人们通常是以视觉（看到的画面）、听觉（听到的声音）、触觉（感受到的感觉）、嗅觉（闻到的气味）、味觉（尝到的味道）来收集世界上的信息的，在神经语言程序学（Neuro-Linguistic Programming，NLP）中称为表象系统，也就是我们的感官系统。

NLP发现人们与外界联系基本分为三种模式，即视觉型（Visual）、听觉型（Auditory）和触觉型（Kinesthetic），简称VAK。其中，听觉型（Auditory）分为两种不同情况，一种是向外的对话，属于听觉型（Auditory，A），另一种是向内的对话属于自语型（Auditory digital，Ad）。

在教学的过程中重点要关注四类人群的不同学习风格：视觉型V、听觉型A、触觉型K、自语型Ad，也是以下测试的重点。

接下来通过一个简单的测试来了解一下自己的表象系统，通过表象系统可以帮助人们更好地了解自己和别人的学习偏好。可以在教学中发挥自己优势的同时充分调动不同学习偏好的学生专注性，提升学生的专注度。

表象系统偏好测试

在下面偏好度检查中，将认为最符合自己的编号，填写在各个问题前面。

4—最能描述我自己　3—描述比较符合我　2—描述不太符合我　1—最不合适描述我自己

备注：每道题中的四个编号不能重复。

［示例1］我做出重大的决策时，最影响我的因素是

（3）直觉层面的感受

（2）听上去最好

（1）看上去最好

（4）有关此事精准的检视和研究

以下为正式测试，请开始填写编号。

1. 我做出重大的决策时，最影响我的因素是

（　）直觉层面的感受

（　）听上去最好

（　）看上去最好

（　）有关此事精准的检视和研究

2. 与他人争论时，最影响我的因素是

（　）对方的音调

（　）能否明白对方的观点

（　）对方观点的逻辑

（　）对方真实的感受

3. 我最容易通过这样的方式来表达和沟通我目前的状况

（　）着装和化妆

（　）情绪的表现

（　）语言或用词

（　）语气

4. 我最容易做到的是

（　）打开音响，调好音量

（　）在自己感兴趣的话题中选择最切题的点

（　）选择最舒适的家具

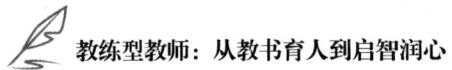

（　）选择颜色搭配最丰富多彩的设计

5. 最能代表我的描述是

（　）我对周围的声音很敏感

（　）我擅长运用逻辑分析新的事实及资料

（　）我对衣服的触感非常敏感

（　）我对室内的家具布置或颜色有强烈的感应

6. 别人如果想了解我

（　）体验我所感受到的

（　）认同我的观点并观察我

（　）注意倾听/观察我

（　）关注我的行为或话语的意义

7. 我喜欢

（　）倾听他人

（　）制订计划时，先绘制整体的框架

（　）根据搜集的信息建立逻辑体系并进行整理

（　）初次见面时关注对方的感受

8. 我这个人……

（　）只是眼见为实

（　）我很难拒绝对方的请求

（　）我接受一切直觉告知我是对的事情

（　）只要是理性、合理的，我都接受

9. 当我感觉到巨大压力的时候……

（　）听音乐

（　）读书

（　）舒适地躺着休息

（　）欣赏带有美好景色的电影或图片

10. 只有一面之缘的人，我可以通过下面的方式回忆起

（　）长相或着装打扮

（　）声音

（　）对她的感觉

（　）猜想他的职业

计算分数：

1. 将问题的分数（编号）依次填写在表5-1内。

2. 将各个编号的分数加起来，计算每个类型的总分，填入表5-2中。

表5-1　填写分数　　　　　单位：分

问题编号	1	2	3	4	5	6	7	8	9	10
1	K（　）	A（　）	V（　）	A（　）	A（　）	K（　）	A（　）	V（　）	A（　）	V（　）
2	A（　）	V（　）	K（　）	Ad（　）	Ad（　）	V（　）	V（　）	A（　）	Ad（　）	A（　）
3	V（　）	Ad（　）	Ad（　）	K（　）	K（　）	A（　）	Ad（　）	K（　）	K（　）	K（　）
4	Ad（　）	K（　）	A（　）	V（　）	V（　）	Ad（　）	K（　）	Ad（　）	V（　）	Ad（　）

表5-2　计算总分　　　　　　　　　　　　　　　　单位：分

编号	V	A	Ad	K
1				
2				
3				
4				
5				
6				
7				
8				
9				
10				
总计				

小提示：最终计算结果（V+A+K+Ad总分）为100分，证明你的计算是正确的。

不同学习风格学生的学习特点，如表5-3所示。

表5-3　不同学习风格学生的学习特点

视觉型学习者（V）	听觉型学习者（A）	触觉型学习者（K）	自语型学习者（Ad）
1. 先看再做	1. 偏好通过听来接收指令	1. 喜爱通过做来学习	1. 喜欢内在对话，自我感悟
2. 喜欢信息以视觉形式呈现	2. 喜爱听故事	2. 喜欢主动	2. 注重所学内容的逻辑
3. 关注任务本身	3. 喜欢以读的形式来学习	3. 通过动手来学习	3. 喜欢分析和深思熟虑
4. 注重细节	4. 通过听见而记忆	4. 通过体验来学习	4. 喜欢安静
5. 喜爱阅读		5. 爱运动	
6. 通过看见而记忆			
7. 艺术范			

针对不同学习风格学生的教学策略，如表5-4所示。

表5-4 针对不同学习风格学生的教学策略

表象系统	老师试着这样做	鼓励学生这样做
V（视觉型学习者）	1. 在呈现语言时使用PPT和超级电子书	1. 通过图片、表格、图解和视觉说明方式记录语言
	2. 在描述语言、时态和结构时，使用动画卡片、图表、图解及视觉说明形式	2. 创建记忆图像、可视化事实/文字，或者做一个记忆影片
	3. 在黑板上书写指令/注解	3. 利用书中图片来阐述语言和帮助理解内容
	4. 在讲话、解释和讲故事时，运用手势和面部表情来表达	4. 在开始对文字有大致理解前先略读
A（听觉型学习者）	1. 给出清晰和连贯性的口头指令	1. 尽可能地大声读出来
	2. 讲话时要考虑音量、速度、语调、节奏，使用"有特点的"声音，多重复和多夸张	2. 学习时采取结对子/以小组为单位形式讨论观点、重点、问题等
	3. 使用合作式学习技巧，如小组探讨及循环法	3. 在阅读前，先粗滤一下信息并想一想要读什么
	4. 询问并给予口头反馈及说明	4. 在课后，多听歌曲和音频书
K（触觉型学习者）	1. 提供具体的、主动的、可感知的体验式学习	1. 使用铅笔或荧光笔标注文字部分会很有帮助
	2. 运用词汇卡、句子卡或语法游戏卡方式	2. 拿着书而不是把书放在桌上阅读
	3. 在课堂多做演示	3. 在阅读、讨论、讲话和修正时来回走动或是站立
	4. 在课堂上容许高频休息和移动	4. 多用文字卡片、词汇卡，这些可以在桌上来回移动
	5. 多采取角色扮演和全身反应法	5. 在移动/拉伸时采取多次休息方式
Ad（自语型学习者）	1. 多采用提问的方式进行对话	1. 把自己的内在对话写出来
	2. 开展辩论式教学	2. 默背
	3. 学生间一对一练习互相反馈	3. 运用思维导图记录学习笔记
	4. 可以允许想清楚后再回答	4. 给自己安静的空间进行思考

众所周知，作为学生，学习是他们学习和生活的最重要部分之一，那么如何高效学习就尤为重要，而阅读又是学习环节中最根本的一环。在这里，结合作者多年阅读的经验，分享一下作者理解的"高效阅读"。

1. 何谓高效阅读，我们以为是高质+有效

高质意味读一本是一本，不单纯追求量，更注重质。有效则意味要真正理解并吸收，同时可以把精华为我所用。

2. 要抛弃阅读的两个误区

（1）快速阅读等于高效阅读？不！

一目十行，啥也没记住，不如十目一行，关键点、有用点都记住。

读完没有输出、没有行动、没有改变，读1 000本也没有价值。

（2）读书越多越好？不！

哪怕每个月只读一本书，读完有输出、有行动、有改变，也可以获得很高的价值。

哪怕一年只读一本书，哪怕只记住了一个点但为你所用且有效果，就是高价值。

3. 开始阅读前你需要知道的

（1）心理及身体准备即仪式感

①通过约哈里之窗突破认知盲区点，如图5-5所示。

有些人觉得自己不会高效阅读，所以担心自己看不进书，或是看得太慢，或是觉得自己看完记不住，其实这些都是自己的心理暗示。根据约哈利之窗，这些暗示其实属于个人盲点或恰恰没有开发的潜能。可以通过一些技巧来突破自己之前关于"我不会高效阅读"的思

维定式（也可称之限制性思维）。

	我知道的关于我的事情	我不知道的关于我的事情
他人知道的关于我的事情	公开区	盲点区
他人不知道的关于我的事情	隐私区	潜能区（未知区）

图5-5 约哈里之窗

②冥想。

在准备阅读前进行（正念/静心等）冥想，可以帮助自己关注呼吸，进入纯粹觉察状态，从而突破思维定式，放空自己，全然当下。

③种心锚。

用潜意识和自己对话，告诉自己"你可以很高效地进行阅读"。潜意识可以"迷惑"自己，让自己相信将要做的事情可以很好地进行。

（2）环境和材料的准备

①一般建议选安静的环境（手机静音放一边，设定阅读时间）。

②书、纸、笔。

③其他（茶水/咖啡/香薰/音乐……随你所好）。

④姿势（坐、卧、躺均可……怎么看得进去怎么来）。

4. 正式阅读前和阅读中

（1）制定阅读目的

可以在笔记的左或右上角写出你阅读目的，如是要了解一个理论，还是要学习什么工具/方法，又或是要重点解决某个问题等。

（2）通过目录看作者思维框架

就像走迷宫一样，如果在空间上俯瞰，就能很清晰地看到出去的路径。目录就是索引地图。

（3）精读/粗读/不读

通过看目录，可以大致清楚书中内容哪些需要精读，哪些可以粗读，哪些可以干脆不读。

（4）阅读方式

①跳读法（直接找答案）。

②找关键字法。

③略读法（不重要部分）。

④逐字阅读法。

这里建议大家可以结合前面介绍的自己的表象系统来阅读，可以更加优化高效阅读的效果。例如，视觉型阅读者可以多做文字阅读；听觉型阅读者可以采取多听有声书的形式；触觉型阅读者可以设想书中场景，进入书的世界以想象的体验来提高阅读效果；自语型阅读者可以通过自我对话的形式来增加阅读的趣味。

5. 读书笔记

建议笔记内容涵盖：

阅读这本书的目的；

阅读后期待的收获、感受，提取关键词，放在笔记左上角；

接下来会采取哪些行动，期待有什么样的改变；

设置提醒，如一个月后会做什么，到期回顾笔记，做检查/复盘。

案例分享：如何运用VAK表象系统

在给北京一所重点高校的行政和教师团队培训的过程中，我们将VAK表象系统运用到了我们的课程设计中，在V的部分我们在现场布置了多张手绘海报，以及制作了彩色的学员手册，让学员了解到这次培训是关于什么的，并且在课程开始的团队建设环节请每个小组制作属于自己团队的海报。在A的部分我们邀请学院领导在开场前跟大家分享一个故事，为什么请我们过来给学校的行政和教师团队培训，同时制定了小组内轮流发言规则，每个参加培训的教师都有机会分享他的观点。在K的部分我们全程设计了多个现场互动体验、小组练习、角色扮演环节。在Ad的部分我们安排了一对一对话及现场轮流提问环节，并且邀请每位学员使用便笺纸给每位小组成员写反馈。

杨绛先生说："好的教育要启发兴趣。"教育者要启发人的学习兴趣和自觉性，培养人的上进心，引导人们好学和不断完善自己。在我们的课程设计中，我们会充分地考虑不同学习风格学员的偏好，使得他们都积极融入课程，这样做的效果超棒。如果教师们按这种VAK的方式设计课程，就会充分地激发学生的学习热情，让课堂更有意思，让学生更加投入，让学习更高效。

第6章

教练型教师的最佳应用实践

注：受篇幅所限，有一些教练工具在以下案例中未提及，如果希望了解更多教练工具，可以通过参加作者的线上或线下课程进行学习。

案例一：应用教练型思维和工具辅导骨干教师进行教学管理和自我管理

年轻的乔老师刚被提升为班主任，面对新的生活和工作环境，她需要重新建立人际关系，这使她产生了一些焦虑的消极情绪，同时也对自己未来的职业发展产生了疑惑和担心。然而，通过"教练型教师"培训的学习和接受一对一教练辅导，乔老师不但实现了思维的转变，通过从"关注具体的事件、情绪，逃避冲突"转变为"聚焦愿景，清晰价值，践行使命"，帮助自己成功地转变成了同学们眼中"榜样式"的老师，而且让师生关系更加和谐了。

1. 问题描述

乔老师刚刚走向班主任的工作岗位，对未来充满了美好憧憬。然而扑面而来的高强度工作，来自学生和家长的不理解、不配合，加上一些老教师的牢骚，负面情绪如同"向一丛炽热的火焰上浇了一盆冰冷的凉水"，让乔老师沉浸在迷茫和委屈中，进而对自己的职业选择产生了疑虑。

课程创新需要兼顾学生的成绩和兴趣，如果单方面地强调某一方面则都收获不到好的效果。"如何让学生对学习有兴趣，愿意学习更多？"是乔老师一直在思考的问题。

班主任教师既是教师，也是团队的管理者。作为一名年轻的班主任教师，在和学生们的交往中，"建立威信"和"建立信任"，"确定规则"和"建立亲和"这些既矛盾又统一的具体工作,让乔老师常常陷入困惑当中,这也引发了对自己的不自信。

2. 解决方法

第一步,厘清目标

作为一名每天直接面对学生的班主任教师,大量的基础教学工作往往会在不经意间将自己的注意力和精力撕扯成很多片段,这对于找到问题的本质是有阻碍作用的。唯有先厘清目标,从根本意图的层面清晰"为什么做",才能真正有效地找到解决问题的钥匙。通过一对一教练辅导前的访谈,乔老师厘清了自己的目标:

- 提高自己的学习能力;
- 提高自己的教学能力;
- 提高自己的教学创新能力。

第二步,明确意图

在开始的几次一对一教练辅导中,乔老师着重探索了自己为什么树立了这三个目标:

"提高自己的学习能力的真正的目的是什么?"——成为真正被学习滋养的人,成为学习者的榜样。

"提高自己的教学能力为什么那么重要?"——实现一名教育工作者"教书育人"的职业使命,像自己的老师一样,成为一个能够在自己学生们的生命中"启发智慧的贵人"。

"提高自己的教学创新能力会让自己发生怎样的转变?"——成为激发学生学习热情的教师。学习不是目的,而是通往智慧殿堂的梯子,自己要帮学生们培养一双渴望探索、充满好奇的眼睛,在奋力攀登的同时始终看到收获成长的绚丽光芒。

在教练辅导中,乔老师一次次地被自己纯粹和美好的意图所感动,在感受自己的同时也坚定了职业理想,提升了自信。在一次一对一教练对话中,乔老师兴奋地对教练说:"清晰了目标和意图之后,对于很多原来很困扰自己的事情,现在都觉得没什么大不了的!"

第三步,自我承诺

"明确意图"让乔老师的成长走上了"快车道"。在之后的一对一教练辅导中,乔老师开始更多地从实现意图的角度,思考当下面对的挑战和困难,有针对性地为自己"量身打造"了个人发展落地计划,并且不时检查自己对自己承诺的完成情况。

为了更好地提高自己的学习能力,影响和带动自己班上同学的学习氛围,乔老师承诺提升自己的记忆力和感受力——用半学期的时间背诵《唐诗三百首》。

为了提高自己的教学能力,乔老师承诺要在自己的课程中打造"游戏化课堂"。她用加入游戏元素的方式让课堂变得充实、严谨、趣味横生,让学生们从此爱上语文课。

在提高自己的教学创新能力上,乔老师将重点放到了"五感教学"的探索领域。她承诺要在自己的课程中加入"视觉呈现"元素。为此,乔老师利用业余时间专门学习手绘,将课上"画图授课"的方式应用到语文教学中。她说:"优美的文字就是传递感受的媒介,通过手绘的方式让这种体验更加强烈,也会反过来帮助学生们更好地感受文字,理解文字,享受文字。"

在自我承诺的激励下,乔老师在每次的一对一教练辅导中都会向教练分享自己的进展和成果。这样的分享也在持续为乔老师创造出更大的、更持久的动力，帮助她在实现意图的道路上加速前行。（截至一对一教练辅导结束时，乔老师已经完成了《唐诗三百首》的背诵，开始着手背诵《宋词》了。）

第四步，核心学习

在乔老师实践自己目标的过程中，一对一教练始终有一个重要的作用，就是提供一个"自我认识"和"自我调整"的空间，乔老师称之为关于自己的"核心学习"。在"核心学习"中，乔老师会不断反思自己的行为、感受和意图之间的动态关系，时时调整，找到将它们统一的方式，实现持续性的成长。经典的反思包括：

（1）这个行为的结果是我想要的吗？

（2）当下的这个感受（情绪）在告诉我什么？

（3）在我想要实现的意图中，什么是最关键的？

（4）成为实现意图的那个我，我需要怎样的转变？

同时，乔老师也将这些反馈的教练方法推广到自己班上的学生们的日常沟通交流中，收到了很好的效果。

第五步，送出成长的礼物

"个人收获成长是起点，带动身边的人实现成长是更大的价值"。乔老师在一步步实践自己的思考和学习成果的过程中，不断地通过互动交流，把自己对于"享受学习""用玩来学习"的体会和感受传递给学生们，收到了很好的效果。乔老师曾经和自己的教练分享自己班上同学和邻班学生的一段聊天。

A：这是我们班的班主任，她可厉害了！

B：是吗，她怎么厉害了？

A：你知道吗？她是语文教师，可是她的数学和英语都可棒了。她还会作诗……她还可爱学习了，你知道吗？是真喜欢学习！我真希望能像她一样。

……

在乔老师的分享过程中，教练感受到了她的深深的自豪感和成就感。乔老师表达了自己未来的目标，不再是通过管理和说教来激发学生的学习动力，而是通过自己的改变来影响自己班上的每个学生，通过自己的"做到"来让学生们"知道"，成为学生们从"知道"到"做到"的桥梁。

3. 最后成果

乔老师经过一对一教练这段时间对她的陪伴和她自己的努力，有非常显著的改变：

①自信心极大增强了，精神面貌得到巨大改变，学校的领导、同事和学生们都观察到并反馈了乔老师的改变。

②乔老师的职业路径得到了发展，从自我行动开始付出了很多努力，通过自我高效成长的方式影响班级学生们的成长，激发学生们积极向上，锐意进取。

③乔老师发生了从内在状态到外在行为的显著变化之后，活成了学生们身边真实的"榜样"，与学生们形成了紧密和信任的师生关系。

④学校的同事及领导也被乔老师的巨大变化所感染。她赢得了大家的尊重和欣赏，为自己创造了一个宽松、自由和温暖的工作氛围。领导把乔老师看作非常有潜力的骨干教师，给予她非常大的信任，委派乔老师代表学校参加重要的教学大赛。

案例二：运用教练思维和工具与特别的学生有效沟通

在"教练型教师"课程中，李老师接受了多次一对一教练对话之后，逐渐从他与教练的六次教练环节中，学习到启发式教练对话的思路和方式，并运用到自己的学生管理工作当中，帮助自己培养"教练型教师"思维。

1. 问题描述

在班主任李老师的班级中，有一位比较特别的学生。该学生因为先天情况导致行为和成长节奏比其他同学慢一些，在课堂中经常会做出异常行为而影响课堂秩序，严重干扰了其他同学的正常学习和教师们的教学情况。

李老师面对这样的情况感到很头疼。一方面，因为先天特殊情况学生家长对学生给予了更多的自由空间而缺少了约束力。家长面对学生破坏课堂秩序的行为是无力管教的，即使说了学生也不听从劝告。另一方面，李老师虽然批评教育了学生，纠正其不良行为，但同理到这个学生的特别情况，内心也希望和支持让该学生继续和大家在一起正常学习和成长。但这个学生不时破坏课堂纪律，影响其他学生上课的行为引发了很多冲突，这让李老师非常纠结。

2. 解决方法

第一步，聚焦目标

通过正式教练前的沟通访谈，和李老师清晰了通过教练辅导要针对性解决的目标主要是：

①找到针对个别学生干扰教学情况的解决方案；

②提高自己应对和管理特殊情况学生的能力。

第二步，厘清困难

内在困难：通过第一次的一对一教练辅导，李老师发现自己在面对这样的有特殊情况的同学时，外显情绪很激烈如很生气，在心理上还有些不愿接纳或感到委屈的潜意识情绪。作为一名有着20多年教龄的老教师，李老师对自己存在这样的情绪和潜在心理感到很惊讶。当李老师思考让自己感到委屈和难过的原因时，发现自己的潜在心理有一个"希望这个学生能够理解教师的苦心和付出，尽快实现转变的"期待，原来是这个期待让自己心里产生了不接纳和委屈。注意到情绪根源之后，李老师开始调整自己的心态。

外在困难：该学生父母因为工作忙碌而对学生疏于管教。虽然学生的客观家庭物质条件很好，但是主观的家庭精神条件比较差。学生只有在学校才有约束和限制，在家里则任性散漫。

第三步，清晰关系

该学生屡次干扰课堂纪律产生了很恶劣的影响，严重程度已上升到需要从学校层面和学生家长进行对话。李老师从内心上是不愿意让这个学生在小学阶段就给自己的学业生涯抹上污点，产生心灵创伤的，所以打定主意要帮助这个学生。做出决定后，李老师把自己和学生的关系重新定了位：把自己放在作为有丰富经验的老教师和有足够耐心的教育工作者的定位上，把该学生放在需要被更多关爱和教育的学生定位上。

尽管该学生经常违反课堂秩序和影响教学，但是李老师捕捉到了学生渴望被关注、被认同和想要与其他同学、教师交流的渴望，所以并没有把自制力较差的他放在需要被惩罚的差生群体，而是把他看成一个也在努力成长的学生位置上，只是需要自己作为"园丁"给予这个学生更多的耐心、包容和理解，如同给予一株更加柔弱的"小苗"更多的阳光、空气和水分那样。

第四步，采取行动

①转变心态和行为。

心态转变：转变了心态的李老师再面对这位学生时则平和而有力量了很多。在面对该学生时，李老师能很快恢复往日面对其他学生的从容和自信状态。

行为转变：李老师在教育该学生的方式上做了改变，变得更加有耐心、更加包容和维护学生的尊严了。

当该学生再次发生状况时，李老师镇定地处理，并会安抚班级其他学生的情绪。他避免在课堂上公开批评这位学生，避免造成直接冲突而是与该学生单独沟通，以能维护该学生的自尊心。

②采取启发式引导的沟通方式。

避免直接的批评教育，而是启发该学生思考。

李老师：你自己想要成为什么样的"理想学生"？

学生：成为"好学生"。

李老师：自己要做出哪些调整才能成为"好学生"？

学生：不迟到早退，课堂认真听讲，积极回答问题，按时完成作业。

李老师：如何做到？

学生：克制突发情绪，去做"好学生"要做的事情。

就这样该学生不再抗拒和沉默，而是开始表达自己，与李老师进行对话，在学校的表现也越来越好。

③树立清晰的界限和规则。

对于该学生提出明确要求，对他与对全班同学一视同仁，如没有完成昨天的作业，就不能开始学习当天的新知识，所以必须先把落下的作业补齐；或者要他和其他同学一样，今日事今日毕。经过教师在一段时间内对该学生一对一的刻意辅导，以及对他严格帮助，该学生在完成作业后会感到非常轻松和有成就感，对自己也逐步产生自信，并且能够克制自己以往任性妄为的性子，耐心地把做作业作为首要的事情，向着好学生的方向努力。

第五步，跟进问责

经过几次实践，李老师还把与该学生的沟通做了"升级"。

尽量用"中立、不评判"的心态和语气与其沟通。这样做能够让该学生在冲突发生后迅速安静下来，放下戒备和对抗，更真诚地有效沟通。

尽量使用正向词语和语句，更多地使用鼓励的沟通方式。每当发现该学生的一点进步时，都及时地表扬和肯定，尤其在公开场合。这使该学生在同学心中的形象逐渐变好，从而带动班级整体氛围的改善。

3. 最后成果

李老师的这些方式逐渐收到了成效，在短短两个月的时间里，该学生发生明显转变：在行为模式上，调整为友好的日常行为；在情绪管理上，能逐渐克制和管理好自己的情绪；在自我意识上，渐渐树立了对自己的信心，有了想成为好学生的意识和愿望；在生活习惯上，逐渐养成了良好的学习和生活习惯。之后，该学生逐渐成为能够和同学和谐相处、被同学接纳的学生了。

每当李老师观察到该学生有点滴进步时，他都及时地给予公正客观的表扬和嘉许，并且及时肯定该学生的正向行为和正向思想，这使该学生逐渐转被动到主动地完成作业，学习成绩得到了明显提高。此时，家长对教师的做法非常感动。最后，该学生的进步带动了班级其他学生的进步，使班级的整体氛围得到了改善。

此外，李老师还从自己教育该学生的过程中总结出跟学生有效沟通的步骤。

①探究学生想要什么。（你想要成为什么样的学生？）

②问学生如何获得想要的。（如何成为这样的学生？）

③问学生具体要做到什么。（让学生自己说出，如"不再迟到""不早退""不借病逃课""按时做作业"等。）

④问学生需要克服哪些挑战和如何持续克服挑战？（如"控制自己的情绪""养成按时完成作业的好习惯"等挑战。）

李老师把这个经验也推广应用到自己和其他学生的沟通当中，发现具有普遍适用性。这样做不仅能够带动班级同学的整体学习氛围，还可以让以前的差生都有显著的转变，很有成效。

案例三：我是怎样应用教练型思维和工具来辅导教研负责人做好精力管理的

徐校长在参加了"教练型教师"的培训课程后，通过接受多次一对一教练辅导，对于个人时间和精力管理，以及更高效地应对日常教学和管理工作有很多收获。在教练辅导过程中，他切实感受到了一对一教练对工作和生活状态的支持和帮助。徐校长把自己在教练过程中的思考和创新转化为新的行动计划，并且运用到自己的日常管理工作当中，获得了比较好的实际效果。

1. 问题描述

在参加"教练型教师"培训及一对一教练辅导的过程中，徐校长经历了从教学主任成为副校长的职业发展阶段。在这样的背景下，"如何更好地面对新的岗位、新的要求、新的工作方式"成为他的重要探索方向。

对徐校长来说，从教学主任到主管教学的副校长，迎面而来的是更加琐碎的管理工作、更加急迫的创新要求、更加膨胀的工作清单。一个个看似相互独立而又有着千丝万缕联系的工作项目，使徐校长的时间和精力快速地消耗着。一股强劲的责任感和多年养成的不屈不挠的精神支撑着他不断地挑战着自己，突破着自己，但一种深深的忧虑也在笼罩着他，自己该怎样面对这样的一种工作量和工作时间的持续加码呢？

2. 解决方法

第一步，聚焦目标

通过教练沟通，徐校长逐渐从焦虑的情绪当中将自己释放了出来，确定了自己需要在接下来的几次一对一教练辅导当中收获的目标主要是：

①提高个人时间和精力管理能力。

②提高合理安排工作、协调工作和生活的能力。

第二步，认清现实

从第一次一对一教练开始，徐校长开始着重发展自己的直升机视角（直升机视角包括五个视角：自己的第一视角、对方的第二视角、观察者第三视角、法官视角和宇宙视角），从不同的高度、不同的维度观察自己的工作，看到在过去的一、两周里是如何安排自己的时间和分配自己的精力的。从梳理中，徐校长观察到了很多的问题，有了很多的自我觉察，这为他当下的调整提供了很好的基础和依据。

第三步，确定方向

"以终为始"在徐校长的第二次一对一教练辅导中成了关键词。当面对不停出现的"临时状况"和"两难"的局面无法决断时，聚焦终点、清晰意图、用意图来标定方向（使用双轮工具），用方向来指引路径成了一个非常有效的思考维度。这其中包含一些非常有价值的问题，可以帮助人们更好地看到真正的动力。

①完成这个项目的意图是什么？

②当完成这个项目时，我们收获的是什么？

③什么人会因为这个项目的成功而受益？受什么样的益？

第四步，更多探索

在对"工作意图"和"工作成果"的关系进行思考时，徐校长对于"做正确的事"有了更多的感悟，开始更多地从"我为什么要做"而不是"我要如何做"的维度来看待自己的工作和生活。视角的变换带来了更多的可能性，徐校长在挖掘自己和工作价值的过程中更加清晰地看到自己现在所面对挑战的本质，变得更加坚定、自信。他在这期间有如下有价值的思考。

①看似并行的工作是如何作用于最终的目标的？

②我如何在众多的工作线条中确定那条"关键线路"？

③我需要怎样的转变才可以让自己完成项目？

④挑战的本质是关于我的什么呢？

第五步，知行合一

经过多次的一对一教练辅导，徐校长缓解了之前的疲劳和焦虑，从本质上探索了在工作中的压力和困惑，清晰了未来努力的方向，发现自己还有很多可以开发和利用的盲区。他通过自己的转变，逐渐看到并且挖掘自己团队中教师们身上的优势，释放了团队所蕴含的力量；逐步践行从"英雄型"的领导成为"激发教师力量"的教练，帮助自己"轻松"下来。徐校长总结了自己在经过一对一教练辅导后的以下变化。

①开始识别别人身上的优势，帮助别人发挥优势，从"带领者"转变为"支持者"。

②开始"系统性"地看待工作和生活，用自己成功的样子，来指引自己走向成功。

3. 最后成果

徐校长在完成全部一对一教练辅导的时候，有以下收获。

收获一：心情变得更愉快了。原来的他在面临升职后更有压力的工作和生活时，会心情沉重，感到焦虑，找不到调整的突破口，现在的他可以在同样繁忙的工作中看到自己的优势，并利用自己的优势，同时还能识别团队中其他教师的优势，激发团队的优势。这一切的变化让徐校长轻松了很多，也对未来充满了信心。

收获二：对于"教练型思维方式"，实现了从知道到了解，到工作和生活中去使用的转变。这样的"知行合一""以终为始"都离不开一对一教练辅导的帮助。"在接受一对一教练辅导的几个月时间里，教练陪伴和支持我把从课堂中学习到的知识，逐步运用到了自己的工作和生活中，用实实在在的体验和成果让我获得了教练型思维的真正价值，这让我很受益。"

收获三：在和教练互动和共创中，我发现有很多的事情需要自己去反思、调整、实践，这样才能真的让自己更从容。从教练型思维的运用中，我看到了目标的重要性。以前，我总是认为目标和结果是一样的，现在，通过教练和实践，我知道了目标比结果更重要，这让我更加明确了自己做事情的初衷和原则，更加自信地调整自己的时间和精力，更加高效和精准地实现目标。这对于我是非常重要的。

案例四：帮助教师提升自我认知，调整情绪状态

岳老师是一位拥有多年教学经验的高中政治课年级组长及班主任教师，长期以来一直在不断探索精进自己的教师之路。在参加"教练型教师"培训的过程中，岳老师通过自我反思不仅清晰了自己的目标，还调整了教学方式和与学生沟通的方法。在收到良好反馈的基础上，岳老师在培训课程的后续模块中更加积极了，最终争取到了一对一教练辅导的机会。

在接受一对一教练辅导的过程中，岳老师把培训课上学到的知识，通过自己的整合、思考，形成切实可行的行动方案。在执行的过程中做好过程监控，时时觉察，时时调整，获得了非常显著的实践效果。

1. 问题描述

岳老师在多年的教学工作中，一直在"如何激发学生提高学习成绩，从容面对高考的同时培养学生养成好的学习习惯，建立健康的价值观、世界观、团队意识、合作意识"方面进行探索，但是效果总是不太满意，岳老师甚至怀疑是"代沟"影响了自己的实践效果。

作为高中班主任教师，高考的压力让岳老师时常会对学生们产生一些抱怨和情绪。虽然凭借多年的工作经验和自修心理学知识，帮助自己没有因为这些抱怨和情绪影响工作，但是很多时候迷茫和失望，还是会笼罩在岳老师的心头。

2. 解决方法

第一步，聚焦目标

通过教练沟通，岳老师发现自己的抱怨和情绪是阻碍自己思考和行动的两大原因，而且在很多情况下会让自己对学生产生消极的评

判，进而缺乏耐心。因此，岳老师确定了自己需要在接下来的几次一对一教练中的目标是：

①提高自己在教学和班级管理中管理情绪的能力；

②提高自己和学生沟通的能力，用学生的方式和学生沟通。

第二步，明确冲突

一切的起点是"自我觉察"。岳老师从第一次一对一教练开始，就开始着重发展自己的"旁观者"视角。在冲突中，旁观者会基于事实，没有评判地看到冲突双方的呈现。在处理冲突的过程中，岳老师通过对事实的回放，得到了一个重要的发现：冲突的本质不是对抗，有分歧其实是有实现同一个目标的不同路线。对冲突本质的明确，不仅让岳老师欣喜不已，还让他明显减少了自己心中对学生的评判。

第三步，清晰意图

"路径差异的本质是什么？"在一对一教练辅导中，探讨这个问题的过程让人印象深刻。岳老师通过对于自己眼中"正确"含义的探索，发现"所有标准都是建立在自己的成功经验、价值观体系和学习积累的基础之上的"。这个发现让岳老师豁然开朗，"既然'正确'的标准是建立在如此'个人化'的基础之上的，那分歧岂不就是'人和人之间的不同'吗！"接下来的思考帮助岳老师更加清晰了自己真正的意图。

①在自己的成功经验中有什么品质是起决定性作用的？

②这些对自己成功起决定性作用的品质是所有人都有的吗？

③这些对自己成功起决定性作用的品质是如何拥有的？

经过深入的思考，岳老师得出了答案："我其实是希望学生们也拥有我的这些品质，因为我认为这些有价值的品质，可以让他们变得更优秀。"清晰了自己的真正意图后，岳老师接下来需要思考的问题是："如何能让自己的学生感受到这些品质的价值？"岳老师认为只有让学生看到自己身上体现的这些品质的价值，他们才能感受到。

第四步，发展优势

在接下来的几次一对一教练辅导中，岳老师开始将注意力放在"活出自己优势"的方向：从"遵守时间""坚守承诺"到"不断学习""善于分享"，岳老师给自己制订了一个计划，并且不断地觉察自己、检视自己，时刻调整自己的状态。她向教练反馈说："我现在积极得都快不认识自己了，学生也都说我变得比以前温柔了。我能感觉到他们身上也在发生变化，我和他们在一起有一种互相支持的感觉。这感觉好极了！"

在一对一教练辅导接近尾声的时候，岳老师还在班里组织了一次关于"认识优势自己"的主题班会，收到了很好的效果。

第五步，传递卓越

岳老师在完成一对一教练辅导时，在班级中召开了一个不同以往的班委会，在这次班委会中，所有的班级干部都是通过优势竞选而产生的。班干部管理采用"企业中层管理者"的工作方式团队合作，中心任务是通过激发每位同学自己的优势来实现班级共赢。岳老师把自己升级为班级的"董事长"——我用我的时间来给你们这个团队投资，支持你们，协助你们，你们的成功是用知识和能力书写灿烂的人生，我的成功就是我的相信和付出是有价值的。

3. 最后成果

岳老师在完成全部一对一教练辅导的时候，说了以下收获。

第一，我学会了享受过程，而不是看重结果。之前，我过分看重结果，而不享受过程，这导致自己的情绪经常不好。通过对"个人优势"的探索和清晰，我认识到要让学生对自己负责，对自己的"优势"负责。我不要背负太多不属于自己的责任，作为教师，我传道授业解惑，我活出学习的价值，用自己的状态告诉学生做些什么是有意义的，而至于学生做得怎么样，学生自己认为需不需要做，是学生自己的事，不是我所能决定的。这让我更积极、更平和，而效果反而会更好。

第二，我学会了了解学生的需求，给予支持，和学生一起探索，然后更好地对症下药。如果我还不知道学生需要什么，就凭自己的判断给学生一些很有价值的东西，其实这不仅强加了自己的认识，还要求学生来为自己不认为有价值的这些东西负责，是不会有好的效果的。所以无论是对我还是对学生，了解需求都很重要。我要和学生们一起建立一个"了解自己""为自己负责"的班级文化，相信这样他们除提高成绩外，更会一生受益。

第三，我学会了"活用情绪"。虽然表面很生气，但内心很平静。我可以通过这种方法让对方感受到我的态度，让对方知道我的意图很坚定，向对方传递我的感受信息：因为他没有守规则，我因此感到生气，我希望他能转变自己的行为，遵守规则。这样的表达和沟通更高效，更清晰，这样我也可以更加轻松，让自己更健康。

案例五：辅导教研负责人做好向上管理

任老师接受了三次一对一教练辅导之后，从和新领导对抗的心理困境当中逐渐走出来，把精力开始专注在自己所热爱的教学创新的本职工作当中，心态越来越平和，最终和学校新领导的关系顺畅、和谐了。

1. 问题描述

教研负责人任老师年轻有为，虽然毕业后来到学校的时间不长，但是同一批教师当中发展最快的。这是因为任老师除格外努力外，还把老校的领导当作教育工作者的"榜样"激发着自己，引领着自己也为中国教育、为自己所关爱的学生们而努力做好科研创新的带头工作。

当学校老领导被调走换了新领导之后，任老师陷入了巨大的迷茫当中：一方面，自己敬爱的"榜样"离开了，自己的工作一下子没了动力；另一方面，新任领导就是自己原来的同事，比原来的老领导年轻不少、经验也缺乏一些，所以自己总是在不知不觉间把新任领导和自己敬爱的老领导相比较，一直对新领导不太满意。因此，任老师和新领导之间的距离比较疏远，关系也比较冷淡。

2. 解决方法

教练通过四象限（思想、行为、关系、环境）的探索来帮助任老师。

第一步，从思想转变开始

通过一对一教练对话，和任老师清晰自己的思想：我是为谁而工作？

通过梳理思路，任老师发现了自己潜意识的一个误区："我是为领导工作的"。当注意到这个潜意识时，任老师自己大吃一惊，其实任老师自己心里是知道的——自己并不只是为领导而工作，而是为了自己、学生们而做这个工作的。

通过两次教练的梳理，意识到这个误区之后，任老师终于清晰目标："自己要成为什么样的教师，以什么样的心态和立场来面对新任领导，自己要成为对学校、学生有所贡献的教学科研带头人。"之后，任老师从这个角色出发考虑问题和做好工作，以这个职业身份来面对新任领导。

第二步，进行行为的转变

（1）做好情绪管理

不再陷入因老领导的离开而感到失落和无奈的情绪旋涡中。每天关注身边积极的人和事情，从形态上实现逆转。

（2）聚焦本职工作

把注意力放在本职的科研创新工作上，积极配合近期学校应上级部门的要求，积极申报和准备教学科研大赛。

第三步，理顺和新领导的关系

不再逃避自己的情绪，鼓起勇气和新领导做正面的直接沟通，征求新领导对于自己负责的科研工作的期待和要求，对于科研工作的目标与领导达成共识。

第四步，创造积极正面的工作环境

作为科研带头人，以正面积极的心态和面貌来带领教师们投入科研项目的申报和准备中，以自己身上所展现出来的正能量和乐观向上的态度来影响身边的同事，让大家都从领导更迭的改变和困惑中走出来，接纳现在，并且在一个和谐的环境中聚焦教学和科研的重要目标。

3. 最后成果

任老师从思想转变开始，继而对于自己的行为采取了不同的做法，改善了和新领导的关系，并且发挥自己科研带头人的作用为同事和领导之间创建积极环境。任老师在短短的三周的三次教练期间就完成了之前六次教练的总体目标。任老师感慨：只要想做出改变，其实，实际情况没有预想的那么难。理顺了关系之后任老师对教学科研工作更加有信心了。

案例六：辅导教研组长发挥组长的带头作用

北京石景山区某中学的文老师在接受了六次一对一教练辅导之后，把从项目课程一模块学习到的与4D相关的知识与自己的个性特征相结合，在继续发挥自己蓝色——权力型的果断和高效的优势的同时，不断提升自己的绿色和黄色个性特征，有针对性地落实到实践当中，让自己向着全面优势的个性特征成长，自己的提升和发展也带动了整个数学教研组的发展。

1. 问题描述

数学教研组组长文老师非常有才华，在担任数学教研组组长之前就在自己的数学科目专业领域很有想法，不断创新数学教学方式方法，得到学校各位领导的欣赏和器重。文老师在担任教研组组长之后，希望带着整个教研组能够实现一些想法，可是在现实中当他表达了自己的想法之后，并没有得到其他教师的回应，这让他失望，并且对完成学校交代的教研任务充满了担心和焦虑。

2. 解决方法

教练通过六次一对一教练辅导，帮助文老师加强4D天性测试中的绿色和黄色的个性特征，并让他在每次遇到挑战时都清晰下自己的问题和对策。

关于文老师绿色个性特征的加强过程具体如下。

通过一对一教练对话，文老师感觉到了自己的沟通方式可能有问题。因为自己的工作节奏是比较快的，而组内其他同事的工作节奏相对较慢，所以自己在沟通时的心直口快，可能从感受上让其他人不舒服、有压力，进而影响了同事间的关系。对此，文老师改变了自己的沟通方式。

在沟通时，他更多地觉察别人的情绪感受，先表达对别人的尊重，并注重讲话的方式方法，再对对方在教研组内做出的成绩表达感激，如还没做出成绩时则肯定他们付出的努力和积极的态度，这让教研组内形成和谐和信任的场域。

此外，文老师在探讨教研课题时，着眼于大方向上的重要目标，不仅和教师们达成目标方向上的共识，还帮助大家梳理清楚在这个大目标下各自可以实现的成果可能是什么，让大家看到自己的努力将有成果。最终，文老师通过帮助教研组的同事们朝着一个方向努力，使大家一起来应对教研目标任务。

关于文老师黄色个性特征的加强过程具体如下。

通过一对一教练对话，文老师注意到，因为自己的工作节奏快，所以很多时候就是自己使劲往前冲，而其他人在后面越来越远，渐渐地就放弃了追赶，甚至不愿意再努力了。文老师反思到自己一味按照自己节奏向前冲给团队带来的不协调的影响之后，做了如下调整。

考虑"事"的时候也考虑"人"，甚至多考虑了"人"这个因素；从好的、正面的方面思考问题，做决策时把大家的感受和想法也适度地包括进来；把自己的一些好经验和做法分享给同事们，带动同事们一起进步。

最后，文老师在工作中放慢了脚步，学会了等待。他学会做出具体的工作计划，细节化目标，以保证能够在关键节点完成工作任务。在完成关键节点的工作任务后，他会让教师们按照自己的节奏自由发挥。同时，自己则严格按照时间节点来完成工作，信守承诺。

3. 最后成果

经过六次一对一教练辅导，文老师把收获到的认知和想法落实到工作实践上，他感到不仅自己的觉察能力和沟通能力得到了明显的提高，而且作为教研组组长的领导能力也随之提高了。之后，文老师不仅带领自己的教研小组一起成功申报了市级的科研课题，并且带领组内教师们一起创新教学方法，在教学创新能力上一同进步，不但为学校争得了荣誉，也提高了团队的合作创新能力和增强了团队教师们的信任关系，还为个人的职业发展奠定了更好的基础。

案例七：辅导资深教师提高情绪管理能力和专业能力

北京石景山区某学校的英语老师姜老师在接受了一对一教练辅导后，不仅提高了自己的情绪管理能力，还提高了自己的英语教学的专业能力，成为一名更加平和、有耐心的教师。

1. 问题描述

姜老师自毕业以来就在该校教授英语课程，随着教龄的增加和教学经验的丰富，姜老师自己对教学质量有了更高的要求。在姜老师所带的两个班级中，有个班级的成绩明显比另一个班级的平均成绩要差一些，而且班级中不完成作业、背不下来课文的同学数量明显更多，为此姜老师感觉很头疼。英语是一个对学生们在整个学校教育期间乃至步入社会工作以后都起着重要作用的科目，所以每当看到学生不完成作业或背不下来课文时，姜老师就会在不知不觉间生气，跟整个班级学生的沟通都变得非常严厉，这样的感觉不但让学生害怕或反抗她，同时也让自己很不舒服。

2. 解决方法

通过多次一对一教练对话，教练可以帮助姜老师在生气的情绪如同火山一样爆发的时候慢下来，体验和反思自己在怒气下的行为、言谈等；帮助姜老师通过分析事实发生、情绪感受和目标意图，以使自己全方位地感受和反思愤怒情绪爆发时的整个情况，找到关键情绪觉察点；帮助姜老师逐渐找到自己情绪爆发时的"按钮"，掌握自己的情绪关键时刻，控制住自己，让自己专注在问题解决而不是发怒上。以下为姜老师是如何在教练的帮助下使用所学教练方法调整自己的。

每次开始上课前，姜老师会检查学生们背诵课文的情况，当有一个或多个学生背不下来课文的时候，姜老师会大声批评他们。之后在接下来的上课当中，会对整个班级学生的态度非常严肃，甚至严厉。（事实发生）

姜老师在教练对话中回顾，课上每当有学生没能完成作业或背不下来课文的时候，她都感觉到自己在教学方面是无力的、无能的，于是随之而来的是愤怒和焦虑。对于教师的批评，有的学生开始感到很羞愧，但次数多了后则不觉得有错反而表现出无所谓的态度，这让姜老师更加愤怒，更加严厉地批评、呵斥有这样态度的学生。在接下来的课程中，姜老师一直都陷在愤怒的旋涡当中，不能摆脱愤怒的情绪，不能平静下来。（情绪感受）

姜老师留家庭作业和批评没有完成作业的学生的根本目标是帮助学生们学好英语、掌握知识，在毕业后能够有一个好工作、好前程。姜老师希望实现的意图是教好同学、帮助同学，而不是对学生发脾气。反思自己的根本意图之后，姜老师开始觉察愤怒情绪爆发时的整个状态，发现当自己感受到自己无能和没用时，就会引发这样的情绪。（目标意图）所以自己做出了以下三个调整。

第一，当有学生没有完成作业时，注意自己的情绪状态，避免情绪爆发和大声呵斥、批评学生，并且尽量把注意力放在课程的教学任务上，让自己尽快从不舒服的感受中走出来。

第二，在平时多把业余时间和精力用在提升自己的专业素质上，让自己成为一个综合素质和能力更高的教师；努力精进自己的英语水平，让自己更加认可和欣赏自己，不再因为学生没完成作业而使自己否定自己；通过自己努力学习的行为提升学生们的学习兴趣。

第三，平时时时觉察自己的情绪和状态，照顾好自己的身体健康和家庭生活，尽量带着轻松愉快的心情上课。

3. 最后成果

经过一段时间的调整，姜老师以更好的个人心态来面对不同班级的学生，在注重英语教学成果的同时也在提升学生的综合素质。从此以后，姜老师以尊重、避免伤害学生尊严或感情的方式进行沟通，逐渐改善了师生关系，自我认知和自我觉察能力显著提高，个人的工作和生活状态都调整得非常积极正向。

案例八：辅导大班年级组长提高教学设计能力

北京石景山区某幼儿园的大班年级组长刘老师肩负着教学设计创新的任务。在接受一对一教练辅导时，通过教练支持，刘老师转变了过于理性和以目标为导向的思维方式，不仅向其他幼儿园经验丰富的教学能手学习，而且从陪伴者的视角出发，进行更加关注和贴近幼儿的兴趣及天性特征的教学设计。

1. 问题描述

刘老师在进行教学设计时有一个很深的困惑——自己的教学设计看起来是基于教学大纲任务出发的，每个游戏的思路都能够满足教学任务，但是为什么对于学生的连接度总是不够深入。这个困惑来自教师们参加教学设计大赛后的一些反馈。刘老师自己也有同感，所以希望能够让自己在短时间内调整教学设计思路。

2. 解决方法

通过六次一对一教练对话，教练帮助刘老师仔细梳理教学设计方案的出发点，发现刘老师的困惑来自她自己。教学方案改进和教学创新能力的提高在于自己是否关注他人（幼儿）的感受，而不是单从自己的视角出发。刘老师在教练辅导中分别探索了自己一步一步改进和落地教学设计的过程。

增加互动

加入学生们的聊天话题。当幼儿遇到问题时，从他们的角度思考，以提问的方式，引发幼儿自己思考和解决问题，而不是直接告知答案。

换位思考

从学生的角度，关注他们喜欢、感兴趣的到底是什么，思考如何以同伴式的陪伴来支持他们，进而以生活化方式来进行教学设计。

从善如流

基于对于其他教师的行为观察帮助自己反思自己的行为，同时借鉴其他教师的适宜的提问方法，将此也用于自己的教学设计中。另外，梳理学生的典型表现、典型特征，提高自己的"随机"能力。

运用"丰盛日记"

从行动上将"教师主导"的教育模式转换为"幼儿自主"的模式，借助记"丰盛日记"的方式，不断梳理总结适宜支持幼儿自主学习的方式和方法，以及梳理自己的语言类型，积累对幼儿的有效提问方式。

3. 最后成果

经过一段时间的教练陪伴，刘老师非常喜欢自己在教学设计方面的成长及变化，并且通过一系列的有效行动和坚持写"丰盛日记"的好习惯的积累，收获了教学能力突破所带来的喜悦感。

之后，刘老师坚持在行动上从"幼儿自主"的教学模式出发，继续投入在幼儿教学设计创新中。她在"丰盛日记"视觉化的启发下，想到以影集、思维导图等丰富的方式来收集自己对教学内容实施的想法，对比每次的内容，以便更加直观地发现自己的变化，持续投入教学创新中。

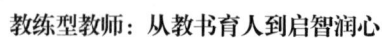

案例九：辅导大队辅导员兼任课教师提高综合工作能力

北京石景山区某中学的大队辅导员欧阳老师，在承接教学授课、教学大赛任务的同时，还肩负着学校大队辅导员的行政职责。在一对一教练辅导期间，欧阳老师很好地利用一对一教练对话帮助自己缓解焦虑情绪，把注意力放在如何解决一个个的挑战和问题上。通过转变处理多任务的策略，欧阳老师将众多大任务进行分解，在非常紧张的工作节奏下，高效出色地完成了各项任务。

1. 问题描述

欧阳老师不仅有每周十几节课的艺术课程的授课任务，还需要准备区级教学大赛。此外，欧阳老师还肩负着学校大队辅导员的行政职责。面对满负荷的授课和参赛任务，加上大队辅导员的行政工作，欧阳老师倍感焦虑。她需要在很短的时间且不影响每周课程的情况下，做好参赛准备。同时，基于每周大队辅导员的职责，还需要为辅导员演讲和主持活动做准备，这些也需要欧阳老师具备足够的自信心，相信自己能够主持好每一次学校活动。

2. 解决方法

通过六次一对一教练对话，欧阳老师将"教练型教师"项目中所学习的"教练五大状态"（尊重、好奇、空间、视角、勇气）很好地呈现了出来。她通过转变处理多任务的策略，明确了阶段性的小目标，循序渐进地完成任务。

从"尊重"出发：接受任务

站在自己的每个身份职责的角度，尊重学校的决定和安排。总有人得面对和完成这些任务。既然自己担任了大队辅导员和授课教师这两个职责,那么就尊重学校的安排,尽自己最大的努力,投入精力地承担相应的职责。

从"勇气"出发:直面问题

虽然时间紧、任务多且重,自己会有焦虑和压力的情绪,但是可以化压力为动力,以"尽力去做,不留遗憾就好"的心态去面对。这样的工作压力和节奏提高了欧阳老师的抗压能力,她拿出巨大的勇气投入每项紧张的任务中,忙到"没有时间拖延",于是拖延症就好了。

从"视角"出发:拓宽思路

在一次次教练对话的引导和启发下,欧阳老师发现自己在工作中有些固有的思维模式,如果打开自己的脑洞,拓宽自己的思路,那么这些模式是可以被识别和转变的。

从"空间"出发:发掘资源

因为从事艺术课程的讲授,所以自己平时注重积累的艺术方面的外部资源,能够帮助自己在学校的教学工作。她通过借助更多外部艺术资源来帮助自己,完成更加丰富多彩的艺术课程和校内外的互动活动,呈现给学生们更新颖的艺术学习方式和更多层次的感受,为本校教师们增加了一条与社会艺术文化连接的渠道。

从"好奇"出发:相信自己,培养创新思维

面对即将开始的区级教学大赛,欧阳老师和教练进行思路的梳理,发现自己对几位其他学科教师所提出的课程修改意见存在困惑,与其不知听从哪个建议,倒不如保持自己的风格,做自己,相信和保持自己在艺术领域的专业性,在把握住这个原则的基础上,再把课程

设计得更加新颖。

3. 最后成果

欧阳老师通过转变处理多任务的策略，合理地将大目标拆分为短期可达成的小目标，尽管工作节奏非常紧凑，但自己还是循序渐进、高效出色地完成了这些重要任务，不负学校和领导的重托，不负自己付出的努力。回顾整个教练过程的收获，欧阳老师概括为三项：①事前要有计划性；②心态调整发挥核心作用；③事后自我总结，持续发挥自主性。

在回顾从一对一教练辅导开始前的焦虑状态到教练结束时所表现出来的淡定状态时，欧阳老师感受到，心态的调整和合理做事的方法非常重要。学习是一个慢过程，如同走上坡路，感觉会更加吃力，但它是打破舒适圈，通向自己目标的途径。当心态调整好时，你才会发现这一路上的风景竟是如此美丽动人。

案例十：帮助中学生改变学习习惯和提升自信心

关同学是一位比较安静、腼腆的男生，放假时经常待在家里，一方面是因为初中作业很多，基本没机会出去玩；另一方面是因为待在家里可以玩最喜欢的电子游戏。因此，关同学逐渐形成了这样一个习惯：假期开始时先打游戏，等假期过半才开始写作业。他经常熬一整夜来写作业，所以在第二天上午写完了作业时就会疲惫不堪，这导致返校时情绪不佳。此外，如果作业没写完，则他会因担心被教师批评而感到焦虑。

1. 问题描述

关同学父母看到这样的情形很心疼，担心长时间这样的生活和学习习惯会影响身体健康，因此为他聘请了专业的一对一教练。教练在和关同学父母与他本人做完访谈后，确认了关同学有意愿接受教练的辅导，帮助自己更好地成长。经过教练和关同学父亲的教练前访谈，签订了20次的一对一教练合约，时间跨度约为六个月，确立了教练目标为：①改变关同学的学习习惯；②提升关同学的自信心。

2. 解决方法

第一步，充分倾听，给予尊重和自由，建立连接

早在教练前的沟通访谈中，教练就发现关同学和陌生人沟通时比较含蓄，不擅言谈，因此，教练鼓励关同学尽可能地分享自己最喜欢的事情，并且鼓励他用边说边画的方式来讲（画）故事。在轻松愉快的沟通氛围下，关同学打开了自己的内心。通过他的分享，能够观察到他喜欢通过讲故事来传达自己的观点和认知。

第二步，启发自我觉察，适时给予反馈，通过发问破除限制性信念，提升自信心

在多次的一对一教练对话中，教练通过在关同学画画的基础上使用他的画和故事情节来对关同学的优势进行发掘，帮助他识别和打破一些认知方面的限制性信念，帮助他逐步从"没什么希望"转变为更加正面和积极地思考问题，看待世界。

在帮助关同学熟悉一对一教练沟通方式的同时，教练陪伴关同学展示自己讲故事的风趣幽默、引人入胜的优势，以及他在创作故事方面的天赋。为了帮助关同学对自己的潜能有更多认知，教练鼓励关同学使用英语来分享故事（关同学在各学科当中最喜欢和擅长英语）。当关同学逐渐用英语讲故事时，教练适时地给予反馈，进一步启发关同学思考。

在教练的陪伴下，关同学真正了解到自己的热情、优势和个性特点，自我感知能力在逐渐提高。通过帮助关同学对自己喜欢玩的游戏的背景——异国的历史、军事、地理、饮食和语言文化增加了解，关同学逐渐提升了信心。

第三步，从认知提升到行为转变

在教练对话中，有如下三个非常关键的对话。

①教练陪着关同学梳理自己和作业的关系，从"对立"逐渐转变为"接纳"，关同学开始把注意力放在如何完成作业上。

②通过回顾"在学校写作业和在家写作业的所用时间差别"，帮助他发现"自己在家写作业的效率比较低，尤其是熬夜写作业的效率是在学校写作业效率的1/4"这个事实。这个发现让关同学很震惊。此外，让他知道虽然作业不少，但是只要效率提高了，不但能够按时完

成作业，而且能够留出些时间来玩最喜欢的游戏。

③尽管"先写作业再玩游戏"是自己想要完成的"大计划"，但是还是有个别拖延的情况，所以自己还要在这样的循环当中不断地养成更好的习惯。

教练次数过半时，教练采访关同学在这几次体验当中的收获。关同学总结了三方面的收获：①英语能力提高（很多）；②了解了教练对话思维；③发现自己很会讲故事。但是经过反思后，他又发现自己最喜欢的"讲故事"，与自己当前的学习和生活似乎还没有直接关联，于是开始专注在改变学习和做作业的习惯上。

在一对一教练对话的后半程，基本上都是围绕关同学的学习习惯和当下做作业情况的挑战来进行直接探索的。关同学能够越来越有勇气直接面对"自己先打游戏后做作业"所面临的被动学习习惯对个人状态的负面影响。基于此，他为自己制订了一个"先完成作业再打游戏"的历时两年的"大计划"——每完成一次之后就积攒积分，连续两年全部完成时获得期待的高配电脑。关同学在和父母沟通这个计划之后获得了父母的积极回应。他还邀请父母帮助自己一起完成这个"大计划"。通过三周的观察，关同学开始改变以往的拖延习惯，每到周末先写作业，完成后再打游戏。虽然开始时有写作业效率不高、写作业时间很长、没有时间打游戏的问题，但是随着写作业效率的提高，关同学不仅逐渐改变了原来的学习习惯，还通过刻意控制自己，以更多的忍耐力来实施自己的"大计划"。

第四步，总结与应用

基于这个案例，可以总结以下四点教练经验，可以在为中学生做教练时参考运用。

①带着同理心深度倾听：充分允许学生分享自己的爱好、兴趣和感受，不打断、不质疑、不评判，给予一个安全和信任的对话环境。

②给予"教练式"的中立的反馈：运用教练的反馈方式，区分"事实"和"感受"，帮助学生识别自己的感受和感受的来源，做好情绪的自我认知和自我管理。

③帮助学生思考和聚焦"目标"：清晰自己真正想要什么样的生活和学习状态，基于这个"目标"该做什么样的调整来适合自己的"行动计划"。

④支持、鼓励、问责：根据"行动计划"跟进学生的执行情况，帮助总结和排除困难，在实际生活当中实现行为的转变。

3. 最后成果

经过近半年的一对一教练辅导，关同学在教练多次对话的陪伴下，逐渐反思自己的学习和生活习惯，反思自己真正想要的方式，最终发掘了自己的潜质和优势，逐步平衡自己在写作业和打游戏之间的时间分配，逐步改掉了靠熬夜完成作业的不健康学习习惯。在收集关同学对自己的反馈时，他对自信心的评估，已经从教练开始前的3分提高到了目前的5分（1分是自己对完成目标没有信心，10分是自己对能够完成想要的目标有充分的信心）。

关同学的父母也在这期间看到了他的明显改变，他的母亲反馈道："对于他的进步我非常开心。原本我的初心很简单，但到今天我感觉收获很多，他在自信心方面确实有提升，我发现他也比我想象的更强大，觉得他真的长大啦。"

关同学的父亲反馈道："他比以前有进步，知道主动学习了。对他的学习习惯，我的评价是从之前的5分状态提高到目前的8分了（满分

10分）。他更加积极乐观了，能更好地处理同学关系，还可以勇敢地找教师把判错的分数改正确。"

案例分享：教练技术在广东佛山大沥实验小学的应用实例

广东佛山大沥实验小学国际部主任　邹小磊

中国教育学会管理分会理事、学校管理体制改革专业委员会副理事长卢志文在《好学校的十大特征》中写道：社会参与度越高，学校越好。现代社会是开放的社会，现代教育也必须是面向社会的教育。这种教育在积极服务社会的同时，也能广泛地吸引社会的支持与参与。教育学生要从教育家长做起，从家长的自我教育做起，从优化社区的教育环境做起。

我作为学校内的一个部门主管，负责校本课程的开发、教师培训和家长服务。在这个过程中我遇到了瓶颈：当我把课程大纲、内容和资源准备好，并开始培训教师和家长时却发现阻力很大。其实大部分教师和家长都希望能做得更好，但是往往被如没时间、没精力、没勇气、没目标等因素干扰了。要如何突破这个瓶颈呢？以我在教育系统内部接受的培训，我无法帮助这些教师和家长提高时间和精力的管理能力，增强勇气，设定目标和管理目标，这导致我的校本课程推进速度非常慢。

转机出现在2020年2月。新冠肺炎疫情刚刚暴发，学校正在讨论上网课时，我们有幸遇上了郑磊老师，并且请求郑磊老师帮忙设计一个家长课程，来减少家长在家辅导学生上网课期间出现的紧张、焦虑情绪，避免发生冲突事件。郑磊老师从探索学生的梦想、消除负面情绪、管理电子设备的使用等维度，为家长设计了21节线上课程，收到了家长的大量好评。

从2020年6月开始，郑磊老师开始系统地为我校的学生、教师、家长和管理层讲授教练技术。郑磊老师的教练技术课程很好地帮助老师和家长排除了没时间、没精力、没勇气、没目标等干扰，让教师和家长在成长的路上有抓手、有资源、有支持，效果立竿见影。

3F、4D、5R是抓手

3F即事实（Fact）、感受（Feeling）、意图（Focus）。

3F案例1：我在准备培训教师的内容之前，先充分感受教师最近的状态和感受，探索他们在培训会上会有什么意图，然后才开始准备培训内容和选择培训的方式方法。教师们每天都很忙，在培训上不太喜欢烧脑的内容，有些教师觉得培训是被迫的。所以我尽量把培训内容变得轻松、有趣、新鲜、有体验、与他们内心的需求相结合。如最近教师比较关心健康的话题，我在培训中心就引入健身教练为教师排忧解难，同时也从另一个角度，阐述教练文化。教师们很开心，整个培训场域能量比一般的说教式的培训要强，导师与学员之间建立了心与心的连接，为后续的跟进辅导打下了坚实基础。

3F案例2：3F也可以用在教育学生上。学生犯错了或取得好成绩，家长和教师可以问：发生了什么事？你现在的感受是什么？接下来你想怎么做？通过这种模式去和学生交流，省时省力，犯了错的学生很快就能认识错误，愿意改正；取得成绩的学生则得到鼓励并清晰了下一步的方向。教师们和学生们都可以做一个3F记录表，把每次交流的内容都记录下来，方便记忆和复习。

3F案例3：3F还可以用在听课和评课上。教师之间经常有听课评课的活动，大部分的评课都是各自说出自己看到的事实，用自己对教材和教育的理解给出评价。我看到被评价的教师通常都是很有礼貌地做笔记，但是否听进去了，不得而知。从我过去20年的观察来说，开始的时候水平一般的教师，一直都没什么长进。而用3F去评价教师的课，效果就不一样了。听课的教师不仅关注看到的事实，还要感受教师上课时候的感受、每个教学设计背后的意图，然后把观察到的事实、感受和意图反馈给授课教师。这样，授课教师听了之后，才能感受到被理解、被支持和被鼓励，效果很不一样。我看到听到这样反馈的有的教师眼里充满了激动的泪光，而且很快就能聚焦在探索下一步改善的行动计划中。这对提升教师的自信心和勇气有很大帮助。

4D是对一个人的行事风格的分析。类似的分析有很多种，如九型人格、MBTI等，它们的优点是很精细，缺点是不容易记住，不方便日常使用。4D帮助我们解决了许多教师之间、师生之间、家校之间还有家长与学生之间的矛盾和冲突。

4D案例1：我以前一直理解不了绿色和黄色维度的人的行事风格，因为我是用蓝色维度的思维方式去想的，所以以前和其他维度的教师或家长的沟通都不太理想。学会了4D后，情况大有改善，理解了不同颜色维度的卓越性和局限性，对不同维度的人的反应预期就准确很多，合作就轻松自然了许多。

4D案例2：最近我接手了三个班的英语教学，有教师告诉我说，某某班最调皮，某某班很乖。通过4D的分析，我发现：

最调皮的班只不过是因为在行事风格上，绿色和蓝色的人稍微多一些，大概10个人。乖的班只不过是因为绿色和蓝色维度的学生少一些而已。理解了这些背景，教师就不会戴着有色眼镜看学生，能够心平气和地对待影响课堂进展的学生、不专心听课的学生了。

我从绿色和蓝色的学生的眼里看到了特别渴望和教师建立连接的目光。于是我对那几个所谓特别调皮捣蛋的学生进行特别关照，摸摸他的头，拍拍肩膀，用心和他建立连接，很快他们就安定下来了，上课变得很听话了。

场域的力量很重要。我运用郑磊老师建立绿色场域的方法，不断表扬，鼓励，整个班的动力和能量就上去了，学习的欲望和动力都提升了。

上了一周的课后，有一位班主任说："连某某同学都很期待上你的课。"言下之意是那个学生是极其难搞的。

4D案例3：有两位学生因为碰撞，其中一位学生牙齿摔伤了，家长意见很大。班主任通过4D分析，了解到一位家长是绿色维度较多，另一位家长是蓝色维度较多。她根据不同维度的人的不同需要，采取不同的沟通策略，事情很快就圆满协调好了。在学习4D之前，这位班主任是比较焦虑的，不知道从哪里入手。

4D案例4：凡是接受过郑磊老师培训的家长，基本都能够分析出自己和学生的行事风格，他们以前比较容易因为学生的表现抓狂的情绪，终于能够平复下来，用一种比较理智的眼光看待学生的各种言行。林女士说："我女儿刚上初一，她遇到了很多困难，有情绪的问题，也有压力的问题。刚好在这个时候，我和我的先生参加了郑磊老师的'教练型父母'课程，4D正好就派上用场。我们一家三口学会了互相理解，互相支持，陪伴女儿渡过了难关。"

5R是目标管理工具：目标设定（Refocus）、认清现实（Reality）、资源途径（Resources）、执行责任（Responsibility）、形成关系（Relationship）。

5R案例1：没有学习5R之前，当我听到教师、家长或学生有困惑或困难时,我的第一反应就是分享我对这件事情的看法和给出我认为可以解决问题的建议。但我发现,真正听得进去、有行动的人少之又少。学习了郑磊老师的课程后,我意识到我所有的判断和建议都是基于我自己的认知层次、理解事物的角度和行事偏好而做出的,听者与我有非常不一样的认知层次、看问题的角度和行事风格,简单地判断和给建议没有什么用。学习了5R工具后,情况就大不一样了。

"你的目标或成功画面是什么?"

"你要达到你的目标,现在有什么困难?"

"你目前拥有什么资源?如人、时间、钱、学习渠道等。"

"你准备采取什么行动?"

"我什么时候为你提供支持、鼓励和问责?"

以上五个问题都是以客户为中心,并帮助客户厘清思路,制订和监督行动计划的,完全没有"我"的主观意志在里面。没时间、没精力、没目标这些干扰都被他们自己克服了。

现在越来越多的教师和家长在感到困惑的时候,就来我办公室找我聊聊。"我想做这个项目,但是怕校长否决,我该怎么办?""我想帮助学生提高学习成绩,我该怎么办?""我遇上了一个很不讲理的家长,我该怎么办?""我儿子不和我说话了,我该怎么办?"等等。聊完后,他们都很开心地带着自己制订出来的行动方案离开。

3F、4D、5R是非常好的抓手,轻松解决许多学校内部、家校之间和家庭内部问题。

清华大学MBA领导力课程讲师徐中在查理·佩勒林的《4D卓越团队》一书的序言中写道:真正让培训转化为行为和结果,必须要有至少持续三个月一个周期的教练辅导。这也许也是为什么有人说"道理懂得不少,但还是过不好一生的"原因之一。

郑磊老师提供给我们学校和家长的不仅是培训、工具,还提供了支持后续学习的学习资源,如中心练习、丰盛日记、线上课堂,以及每月复训、学员俱乐部活动和在线答疑等支持。

因为有抓手、有资源、有支持,我在学生教育、教师培训和家校融合的工作中遇到的各种困难都能够迎刃而解。

家长曹先生说:"跟着郑老师的思想,重新在教练的范畴畅游,非常享受。我又重新获得了一种力量。学生本性具足,我们要全然悦纳我们的孩子。"

家长戴女士说:"很清晰地记得,在开班的第一天,我带着很多育儿问题和对自己在解决这些问题能力上打上了一个大大的问号而来。经过四个月的大小课,再加上今天12小时的学习,我觉得自己现在的状态是很丰盛的,拥有很开放的一个心态,并且无条件地爱自己和家人。"

邹校长说:"我一共参加了四次郑磊老师授课的学习,有比较完整,也有短时间参与的活动。通过这几次活动,我的思维方式产生了一定程度的改变,特别是关于对'场域'的认识,以及如何应用'绿黄蓝橙'场域模块进行'发挥本色,修圆余三'的自我修炼和如何应用4D8B行为管理方式,这打开了我识人、处事的另一扇窗。继续学习和探讨'成为教练型管理者'成为我接下来工作中的一个重要内容。"

林主任说:"上完郑磊教练的课,我在办公室里进行了一次个人的性格颜色的测试,也分析了各种性格颜色的人的特点,同事们都觉得挺准确的。我们办公室整体的颜色都是偏向绿色和黄色,这对我们的服务性工作非常有利，但是在策划和数据工作上，我们会有短板。因此，我们一起讨论了如何在工作中加强橙色的部分，这大大提高了我们团队工作的质量和效率。"

谢老师说："相信相信的力量！作为一名低年级的班主任，总会事无巨细，样样操心，很多事情都会越俎代庖，什么都帮着学生做，帮着学生决定。然而，事实证明，这只会让教师累得够呛，教育的效果却收效甚微。郑磊老师的课程让我认识到不同性格颜色的人需要用不同的方法去沟通，去激励。最重要的就是要相信学生，相信他们的本质都是向上的，用'3F倾听法'倾听他们内心的声音，启动他们的内驱力，相信他们可以做得很好。"

欧阳同学说："我妈妈也带我参加过很厉害很贵的专家的课，但是我觉得那很无聊！可郑老师的课我觉得有趣，又有收获。"

腾讯前副总裁、谷歌资深计算机科学家吴军在《硅谷来信：专业与业余的区别》中写道：专业人士常常有完整的领域知识，或者说掌握了成体系的知识，而业余人士常常只掌握了一些知识点。前者因此具有分析问题，解决未知问题的能力，后者常常只能应用所知的一些知识。

教练技术融合了心理学、哲学、管理学、行为设计学等学科的最新研究成果，是一个庞大的知识体系，并且经历了30多年的实践验证，目前已经被广泛应用在全球500强企业的高管领域。这与普通的讲座和培训有着天壤之别。郑磊老师能够把教练技术引入教育领域，这是教师、家长和学生的莫大荣幸。试想一下，用培养500强企业高管的系统培养教师、学生和家长，我们国家的未来是多么有希望、有实力。

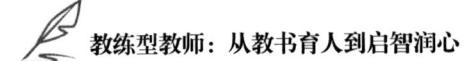

正如卢志文所讲:"社会参与度越高,学校越好。"教育学生要从教育家长做起,从家长的自我教育做起,从优化社区的教育环境做起。

再次感谢郑磊老师的付出!祝愿更多的教师、家长和学生能够学习和应用教练技术。

附录A

教练型教育者课程（原创版权项目）介绍

《中共中央国务院关于深化教育教学改革全面提高义务教育质量的意见》在优化教学方式中着重提出：要坚持教学相长，注重启发式、互动式、探究式教学，引导学生主动思考、积极提问、自主探究。

在大力提高教育教学能力方面提出：要提高教师培养培训质量，实施全员轮训，突出新课程、新方法、新技术培训，强化师德教育和教学基本功训练。

从指导意见中我们不难看出本次教育改革力度空前，尤其是对教师教育教学方式、能力等方面提出了更高的要求。

"教练型教育者"项目为国家教育改革指导方针的落地践行提供了一个新的方向。首先将教师队伍通过系统的培训和教练辅导培养成"教练型教师"，让教师们能够像教练那样激发学生的学习动机和潜能，帮助学生自主取得学习成果。学生们在得到充分的尊重、信任和激发之后，学习热情高涨，会自主地提高学习意愿和成绩，也发展了广泛的兴趣爱好。更重要的是这样的教学方式能够从内在唤醒教师们激发学生动力，同时传统型教师成为"教练型教师"后可以以一种更高层面的视角和全新地带着仁爱之心的教练理念出发，在学校中开展日常教学工作，将素质教育真正落地。因此"教练型教师"在教育改革的路上给出了一个可行可靠的方式。

项目在北京市石景山区金源学校、北大附中附小石景山教育集团、一零一中教育集团、人民大学附属中学第二分校、北京上地实验小学、北京房山教师进修学校、广东佛山大沥实验小学等上百所学校的实践，让我们看到了"教练型教师项目"对教育行业带来的实实在在的理念指导，以及在把理论落实到教学实践中产生的个人与团队能力综合性提高的复合价值。教练型教师的成功落地为满足教育改革实际需求提供了很好的范例,通过实践论证,教练型教师从理论到实践层面都能很好地帮助学校实现教育转型。

为帮助更多的教育工作者成为教练型教师,本书作者们开发了系列原创精品课程,如表A-1所示。

表A-1　原创精品课程

对　象	主题:提高教育教学能力及领导力
任课教师团队	教练型教师训练营
班主任团队	教练型班主任训练营
校级领导	学校中高层领导力训练营

教练型教师训练营

针对对象: 任课教师

课程时间: 1~5天

一、课程目标

- 运用科学的测评方法和工具帮助教师深度地了解自己、同事、学生、家长的个性差异,以便更好地沟通、相处、合作。

- 掌握有效的积极心理学及情商工具,为学生的心理健康保驾护航。

- 帮助教师运用简单、容易掌握的工具,深度识别学生的学习风格,激发学生的学习动力。

- 学习有利于持续进步的班级场域(氛围/环境)建设的工具和方法。

- 学习缓解压力和消除干扰性情绪的方法与技巧。
- 掌握领导力理论工具如何在教学场景中应用。

二、课程大纲

1. 沟通协作：深度认知自我和他人

    1-1 卓越性探索，解码自己及他人的动力系统。

    1-2 通过解码动力系统，更好地与他人沟通、相处、协作。

    1-3 学习4D天性识别工具，了解不同性格特征的优势及盲区。

    1-4 运用所学设计实际工作中的应用场景。

    1-5 总结预留操练作业。

2. 滋养心灵：塑造学生积极健康身心

    2-1 脑科学中脑波带给我们的启示。

    2-2 运用积极心理学、正念等工具助推学生健康身心的塑造。

    2-3 了解情绪分类，减除情绪干扰，优化情绪，放飞身心。

    2-4 运用所学设计实际工作中的应用场景。

    2-5 总结预留操练作业。

3. 塑造人格：探索学生天赋，提高综合素养

    3-1 运用科学的测评系统初步分析学生的天赋才能及综合素养水平。

    3-2 深度运用MBTI工具挖掘学生潜能，激发学生梦想。

    3-3 掌握6L工具，帮助学生落地行动计划。

    3-4 运用所学设计实际工作中的应用场景。

    3-5 总结预留操练作业。

4. 建立觉察：识别学习风格，提高学习动力

    4-1 运用VAK表象系统觉察学生的学习风格。

    4-2 基于不同风格的学生因材施教。

    4-3 掌握高效学习技巧，提高学习质量。

    4-4 运用所学设计实际工作中的应用场景。

    4-5 总结预留操练作业。

5. 综合应用篇

    5-1 家校沟通。

    5-2 课堂文化塑造。

    5-3 VAK课程设计。

    5-4 舆情处理。

    5-5 ……（结合学员实际情况灵活安排具体场景）

    5-6 优秀案例呈现，评选最佳案例及学习小组和个人。

    5-7 课程结业及下一步行动计划。

教练型班主任训练营

针对对象：班主任

课程时间：1~5天

一、课程目标

- 帮助班主任深度认识自我，扬长避短。

- 认识学生，知人善用。

- 了解情绪的本质，缓解教学压力。
- 提高情绪智力，更好地处理师生家校关系。
- 运用科学的工具和方法，打造正能量、高绩效的班集体。

二、课程大纲

1. 学生心目中最受欢迎的班主任画像

    1-1 如何成为学生们喜欢的班主任。

    1-2 了解教练型班主任画像。

    1-3 评估差距，制订提升计划。

2. 教练型班主任的五种前提假设

    2-1 相信每个学生都是OK的。

    2-2 相信每个学生都具有独特的天赋才能。

    2-3 相信每个学生行为背后都有正面动机。

    2-4 相信每个学生在当下都可以做出最好的选择。

    2-5 相信每个学生都有成长的时机。

3. 教练型教师的核心能力

    3-1 爱赋能，用爱激活学生的学习热情。

    3-2 爱协作，用爱打造良好的班级氛围。

    3-3 爱思考，用爱激发学生的未来梦想。

    3-4 爱执行，用爱促进团队的高效执行。

    3-5 爱反思，用爱唤醒团队的深度觉察。

4. 教练型班主任落地应用场景

    4-1 班级班规班训制定。

    4-2 班级文化塑造。

    4-3 家长会。

    4-4 舆情处理。

    4-5 高绩效正能量班级打造。

5. 总结结业

    5-1 团队复盘总结。

    5-2 教师反馈指导。

    5-3 优秀个人及团队颁奖。

    5-4 满意度评估。

    5-5 合影结业。

学校中高层领导力训练营

针对对象： 校级领导及核心管理团队

课程时间： 1~5天

一、课程目标

- 领导力升级。

升级领导者的领导力全景观，在如何领导自己、领导他人、领导团队、领导愿景、领导执行，打造高自主的卓越团队方面提供抓手。

- 心智升级。

重塑心智模式，习得软技能与提高情绪智力，掌握新的工作方式带队伍。

- 思维升级。

充分激活团队成员优势，找到内驱力，升级问题思维到成长思维，积极主动地工作。

- 能力升级。

提高学员的五种能力：思考力、激发力、合作力、执行力、自主力。

- 工作方式升级。

获得一套实用的工具体系，帮助领导者们将工具有效运用到自己的工作场景中（如识人用人、团队组建、高效会议、会谈、家校沟通、问题解决、校园文化建设、公众演讲等）。

二、课程大纲

1. 卓越领导画像

　　1-1 通过互动体验卓越管理五维模型。

　　1-2 了解不同领导风格对于团队的影响。

　　1-3 系统地发现自身的优势及局限，更好地沟通、相处、协作。

　　1-4 运用所学设计实际工作中的应用场景。

　　1-5 总结预留操练作业。

2. 识人，让我们的沟通更有效

　　2-1 用4D天性测评识别他人的天性。

　　2-2 快速识人工具练习。

　　2-3 运用识人工具进行角色扮演场景演练，在不同场景下如何沟通更有效。

2-4 小组呈现讲师现场指导、反馈。

2-5 总结预留操练作业。

3. 识别事、部门、群体及团队文化的天性

3-1 运用工具识别每天所做事情的天性。

3-2 在工作中人、事如何匹配更有生产力。

3-3 团队文化梳理，学习如何促动校园文化建设落地有效。

3-4 运用所学设计实际工作中的应用场景。

3-5 总结预留操练作业。

4. 修己，运用八项行为进行个人及团队场域建设（1~4项）

4-1 相互尊重、感激、欣赏，创建愉悦的工作环境。

4-2 同事之间主动合作，乐于提供支持。

4-3 大家在团队中被包容，有归属感。

4-4 团队成员都能够彼此说到做到，信守承诺。

4-5 运用所学设计实际工作中的应用场景。

4-6 总结预留操练作业。

5. 运用八项行为进行个人及团队场域建设（5~8项）

5-1 对未来有清晰、乐观的展望，同时对现实中的困难有清醒的认识。

5-2 对于工作中决意要达成的重要目标，尽100%的努力不遗余力地完成。

5-3 团队中没有指责与抱怨，不钻牛角尖。

5-4 每位成员对自己的角色、职责和职权都非常清楚，并清晰地与相关人员进行沟通。

5-5 运用所学设计实际工作中的应用场景。

5-6 总结预留操练作业。

6. 状态管理篇

6-1 状态先于行动的内在卓越状态画像。

6-2 探寻最佳卓越状态的共同特征。

6-3 六大卓越状态体验练习。

6-4 运用所学设计实际工作中的应用场景。

6-5 总结预留操练作业。

7. 情绪管理篇

7-1 通过互动了解自身的领导力密码，发现内在的卓越，觉察冲突背后的真正根源。

7-2 了解情绪的分类及根源。

7-3 了解不同性格特征的人在职场压力中的情绪反应。

7-4 学习并掌握处理无用情绪的方法。

7-5 运用所学设计实际工作中的应用场景。

7-6 总结预留操练作业。

8. 场景应用篇

8-1 个人场域管理。

8-2 团队场域管理。

8-3 文化场域管理。

8-4 舆论场域管理。

8-5 识人用人管理。

8-6 团队组建管理。

8-7 高效会议管理。

……（以学校实际需求定制）

9. 总结结业

9-1 团队复盘总结。

9-2 教师反馈指导。

9-3 优秀个人及团队颁奖。

9-4 满意度评估。

9-5 合影结业。

参考文献

［1］陈国海，刘春燕. 企业心理教练【M】.广州：暨南大学出版社，2005.

［2］苏霍姆林斯基. 给教师的建议（全一册）【M】.修订版，杜殿坤，编译. 北京：教育科学出版社，1984.

［3］第斯多惠. 德国教师培养指南【M】.袁一安，译. 北京：人民教育出版社，2001.

［4］鲁道夫·斯坦纳. 童年的王国【M】.潘定凯，译. 深圳：深圳报业集团出版社，2014.

后 记

在我们写这本书的时候,一起重读了日本著名畅销书作家、联合国儿童基金会亲善大使黑柳彻子的代表作《窗边的小豆豆》。相信凡是读过此书的人,无不被校长小林宗作真诚博大的爱心所感动,他对每个学生都饱含着爱,永远给予他们足够的信任、自由,永远赋能学生,这些都完全符合教练原则:相信每个学生都是全面的、完整的、资源具足且富有创造性的。

我们发现在接触过的教师中,绝大部分都希望成为像小林校长那样的"教练型教师",但是苦于没有这方面的软技能和抓手,加上市面上对于教师型教练的这类专业培训也较少,同时这方面的书籍更是踪迹难觅。基于这些,我们对自己近十年"教练型教师培养项目"在教育领域的实践精华进行提取,为砥砺前行的中国教师们提供教练管理技术的基本理论知识和切实可行的工具及方法。

陶行知对职业教育的知与行,一直延续到他生命的最后。老先生认为职业教师应"经验为重,经验,学术,教法合一",在当代应大力调整与改革职业院校的教师结构,强化企业实践制度,跨界选师,提高教师专业实践能力,开辟能工巧匠入校任教的绿色通道,加强专兼职教师的培养与提升，构建"教练型"师资队伍。

看着本书中一个个鲜活的案例，让我们不禁想起德国哲学家、心理学家、教育家雅斯贝尔斯的话："教育，是人与人之间，也是自己与自己之间发生的事，它永不停止，就像一棵树摇动另一棵树，一朵云触碰另一朵云，一个灵魂唤醒另一个灵魂……"相信在中国，这样的传递和唤醒永远不会停止。草在结它的种子，风在摇它的影子，我们，静候学生们花开。

在这里，想分享一篇网络文章《开悟的小花》（有微小改动），献给我们的学生们。

开悟的小花

崖边，长着一株花，叶子翠绿，花儿灿烂。

我问花：你独自在这孤独吗？

花儿回答我：我扎根大地母亲，与大自然为伴，不孤独。

我问花：你独自在这绽放，是否需要很大的勇气？

花儿回答我：我不知道什么叫作勇气，我只知道顺应大自然生长，该吐芽的时候吐芽，该抽茎的时候抽茎，该长叶的时候长叶，该开花的时候开花。

我问花：你讨厌狂风暴雨吗？它们随时会将你摧残！

花儿回答我：如果因为它们倒下了，是因为我还不够强壮；如果我能重新站起来，是因为我又成长了，我感恩它们对我的考验。

我问花：你会嫉妒比你长得好看的花，并因此自卑吗？

花儿回答我：我不知比较，我只知道我生来是这样，别人生来是那样；我欣赏自己的独特，我也赞赏他人的美。大自然里万物异曲同工，都是爱和美的创造，都是宇宙的一部分，缺了谁都是缺失。唯有和谐，没有美丑之分。

我问花：很多人都在寻找使命？你知道你的使命是什么吗？

花儿回答我：我的使命就是成长、绽放自己。"使命"让人听起来很高尚，事实上每个人都活出自己就是完成了使命！太阳成为太阳散发光芒，苹果树成长为苹果树结出苹果，梨树成长为梨树结出梨，音乐家成为音乐家，歌唱家成为歌唱家，作家成为作家，画家成为画家……

我问花：有大的使命不是能服务更多人吗？

花儿回答我：世界万物都在服务，存在就在服务。就算一粒灰尘也是构成道路的一部分。

你需要走路，路就在服务，造路的人、工人、技术员、工程师、设计师、总策划人……构成路的原材料，砂、石、水、水泥等都是服务的一分子。

再如房屋供给人居住是服务，水杯给人装水也是服务，一张小小的卡片能给学生带来快乐也是服务。你说谁的使命大谁的使命小呢？"使命"原本是那么的平常，只不过是被人的重要性给夸大了。

我问花：人有那么多外在的压力与限制，如何成长为自己？

花儿回答我：压力与限制不在外在，是人本身对自我形象保护的一个借口。怕失去孝顺儿子的形象；担心失去贤妻良母的形象；怕失去外人眼里温柔可爱的形象；想成为自己，又不敢成为自己，矛盾的心理带来了压力与限制，全是一手导演，作茧自缚。

我问花：活出自己，是不是自私的一种表现？

花儿回答我：每个人、每个物种都有自由意志。活出自己是天性。在没有活出自己时，由于天性受到压抑，才会对世界造成一些破坏性后果。愤怒、抱怨、悲伤……这些情绪就是因此而产生。活出自己，成长完全的人会处于一种满足喜悦的状态，因而会给世界带来正面的影响。

我问花：你怕死吗？

花儿回答我：你是指当我的身体消失的那一刻吗？本是从无到有，再从有到无，这也是一种自然规律。从泥土中来，再回到泥土中去，这是很自然的事。去享受这一个过程。

我问花：你死过千百回，你知道死亡是怎么一回事？

花儿回答我：死亡就像穿衣服，把旧了的衣服脱下，再换一件穿上。

我问花：你失去身体，你是谁？

花儿回答我：身体不是我的，头脑不是我的，思想不是我的，我是存在、意识、喜乐！

在本书接近结尾之际，我们越发深切地体会到教练型教师在中国教育事业的重要性和对中国未来发展的关键性，也更加坚定了我们推广教练型教师培养项目的决心和信心，同时期待和欢迎有越来越多的人加入壮大这个队伍，为中国的教育注入源源不断的力量。只要有真诚的爱就能有动情的教育，我们深刻体会到如果教师每时每刻都在寻求打开学生心门的钥匙，那么教师真诚的爱能使得学生得到激发，产生奋发向上的力量。真正的教育者，他的一切行为都是出于对学生的真切热爱，当真正把学生当成"完整的人"的时候，教育就会产生化腐朽为神奇的力量。

后 记

人的一生中最纯最美的年华就是童年，相信随着中国有越来越多的教练型教师，每个学生的心智都能得到开发和启迪，心灵得到浸润和滋养，因而拥有自己阳光灿烂、独特难忘的童年。

苏霍姆林斯基说："教育工作的最高目标是丰富青少年的精神世界……我希望学生们能成为这个世界中的旅行者、发现者和创造者。观察、思索、谈论、感受劳动的快乐，并为所创造的一切而自豪；为人们创造美和欢乐，并在这种创造活动中获得幸福；赞赏大自然、音乐和艺术的美，并以这种美来丰富自己的精神世界；把他人的痛苦和欢乐放在心上，像对待自己切身的事情一样对待他人的事情。这就是我的教育工作的最高目标。"相信这也是所有中国教师孜孜不倦追求的最高目标。

2020年是发生很多意外的一年，尽管如此，还是没有阻止我们度过2020年的严冬来到2021年的初春。愿所有的美好和春天一起醒来。学生美好则民族美好，少年强则中国强。

反侵权盗版声明

电子工业出版社依法对本作品享有专有出版权。任何未经权利人书面许可,复制、销售或通过信息网络传播本作品的行为;歪曲、篡改、剽窃本作品的行为,均违反《中华人民共和国著作权法》,其行为人应承担相应的民事责任和行政责任,构成犯罪的,将被依法追究刑事责任。

为了维护市场秩序,保护权利人的合法权益,我社将依法查处和打击侵权盗版的单位和个人。欢迎社会各界人士积极举报侵权盗版行为,本社将奖励举报有功人员,并保证举报人的信息不被泄露。

举报电话:(010)88254396;(010)88258888
传　　真:(010)88254397
E-mail:　dbqq@phei.com.cn
通信地址:北京市万寿路 173 信箱
　　　　　电子工业出版社总编办公室
邮　　编:100036